丈量印度

張瑞夫

0 —————————————————→ 3731KM

草車路上：1/8

抓閒人類型：1. 身家調查
2. 一起拍照
3. 閒聊咒扰

SA JAYPUR B
8368840

12.00
UP पंच करें ON
बारह रुपये

Name: Chang/Yu Wei
Depart: Jaipur
Arrive: Singapore
Boarding Time:
Class: L2TZINTR
SSR: BG20 THRU
60 Min before departure time
Please be at the boarding gate

scoot

0130
0920 JAN
0045

PNR: W7Q6UL
Seq No: 98

結婚），結果男主角或許
-裝喬裝護士混進女主工作
近成了好友，越來越了解
來變身出的過程中，女主的

Jaisalmer 這個城市實在太
夢幻了，如果選對地點和角度
遠眺，會看見如電影般的
奇幻場景。因為整個城
市都是黃色，於是又被稱作
金城。城裡的建築和塔都很刻意
在印度拉賈斯坦這地區。就是
要用風情。如果還是
感受看看。還是
瑞
2016

40

BELUR-BANUV
EBEDU
HB85298 KHRB 50148

29/10/16 13:06:39

X 25.00=08 25.00

Rajasthan

In word Rs.

SANITATION CHARGES
EXPORT
1
110

Total RS.

110
100
10
10
100
1

S. No.   Description   QTY   Total

Aderman Date   Departure Date
02-Dec-2016   03-Dec-2016
Time   Time
14:31:51   14:31:52

獻給我的阿嬤，無限懷念。

Contents 目次

Foreword 跨過去

我們已經在巷子裡來回無數次了，但今晚的街出乎意料地冷清，許多店家不約而同提前打烊，徒留搖頭甩尾的牛、無精打采的流浪狗。

時序入冬，冷空氣挑準時機南下，我一貫的短褲和亞麻襯衫略顯不合時宜，不加緊腳步的話身體會不自主冷下來。要說這時節的北印度比台灣更冷，恐怕許多人難以置信，畢竟大多數人腦袋裡住著的印度，是炎熱的、嘈雜的、咖哩香料味的、黑皮膚的……好像我才是誤解的那個。

「其他人都去了哪裡？」我和理惠有相同的疑問，明明是跨年夜，街上卻不見人影，究竟大家都躲在哪裡？在什麼祕密基地慶祝呢？即便是名聲響亮的日落咖啡，人潮也稀稀落落。

儘管如此，我們並不失望，因為打從開始我們所追尋的就只是人潮的熱氣，只想從旁偷瞄幾眼，並非認真追求慶祝的參與感。我們都累了，說得更坦白些，是對旅行感到疲倦，身體已承受不住驚天動地的狂歡，心已容不下為嗨而嗨的熱情，只想平平淡淡跨過去就好。

時間毫不遲疑地推進，二〇一六年果斷地後退，日本率先跨過去了，台灣也接力跨過去，再過兩個半小時，印度也將隨地球自轉進入二〇一七年。

倒數前幾分鐘，我們登上旅館的天台，位置雖不高，但足夠窺見小鎮的點點霓虹，燈光最奪目的日落咖啡比幾小時前熱鬧許多。另一邊的民宅傳來咚滋咚滋的電音樂，那群人放縱地笑鬧、尖叫，或許是情緒太過亢奮，幾個倏然竄出的黑影冷不防地發射當晚的第一發煙火，偷跑數十秒的煙火好似信號彈般觸發日落咖啡跟著點燃信號，結果一發不可收拾……

「咦？怎麼辦？怎麼辦！」理惠秀出她的手機時間，才正要進入最後一分鐘。我們一時慌了手腳，只能不知所措地等待、等待……直到最後十秒，從十倒數至一，在漫天煙火下互道新年快樂。

就這樣，我提前還給了印度一分鐘，短短的一分鐘。

總算「跨」過去了，或者說用「騎」這個動詞更精確，這趟旅行只要平安無事騎過二〇一六年，即是萬無一失了吧？前方所剩的一百五十公里和已完成的相比不過是一碟小菜，新的二〇一七年應該不會有變數才對。我衷心期望。

眼看朋友們在臉書許下新年願望，我絞盡腦汁卻想不出任何有新意的心願，當下的新年願望只有那個，那便是盡快離開這個地方，離開這騎車騎了三個月，令我又愛又恨的地方。

A 段——國境之南

A—a 旅行髮夾彎

「老闆，請問這輛能改裝成適合『環島』的車嗎？」冒著颱風天出門，我騎著家裡的登山車到多年前買下它的車行，開口便問了這個連自己都覺得愚蠢的問題。

高碩的老闆朝單車瞥一眼，隨即中氣十足地回答：「當然可以啊。」

「當然可以啊」──答案俐落揭曉。本以為應該會更迂迴、更拖沓些，不料老闆只用五個字就解開我心中的結。然而，這個結解開了，卻等同繫上更紮實的另一個。事實上，我真正的計畫是要把車帶去印度，進行一趟縱貫南北的單車之旅，可是我連自己都尚未說服，更別說要向別人解釋了，所以才稍稍簡化成「環島」。反正大同小異啦！？

至於計畫為何驟然轉向，一時也很難說清楚。回想初始的旅行藍圖是以斯里蘭卡為起點，延伸至南印度作收，如往常搭巴士、坐火車，搖搖晃晃三個月，然而原始計畫卻一念之間被自己推翻，連老早訂好的單程機票都選擇認賠。或許是二〇一六年過得異常破碎，妄想透過某種艱困的儀式進行自我重整；或許是那陣子臉書上瘋狂轉載的熱血單車文章點燃潛伏多年的欲望；或許是想在三十出頭的身體留下轟轟烈烈的印記。我直覺該換個方法打破慣性，任性想學人騎單車上路。

問題來了，一位菜鳥真的有能力應付長途單車旅行嗎？仔細回想，我可說一點單車旅行的經驗都沒有，頂多是曾騎著青旅（青年旅館）租來的陽春淑女車，在沖繩本島進行一天往南、一天往北，共約五十公里的短途騎乘。要說那是單車旅行鐵定還差得遠，若沒有拖累速度的行李、沒有非抵達不可的急迫性、沒有不可抗拒的狀況，甚至一輛比較像樣的車……單車旅行就不算單車旅行，我腦裡有那種刻板印象。

從更動計畫到出發之前，臨時抱佛腳勤跑單車店，先依老闆建議將前後輪換成適合長途騎乘的環島防刺胎，再把原本肥厚的坐墊換成更符合人體工學的矽膠墊。需要改裝的部分其實不多，最重要的還是承載行李的貨架，由於車子只能加裝後貨架，意味著屆時行李必須盡量精簡。

「這樣就 OK 了嗎？」我憂心忡忡地問。
老闆一貫海派地回應：「講坦白啦！改那麼多你也感覺不出來。」
此話真是殘酷又中肯。

改裝的事大致底定後，剩下一些瑣碎的準備。我陸續從網拍和體育用品賣場添購一些配備，像是行李馬鞍袋、防風墨鏡、魔術頭巾、抗 UV 袖套、攜帶型打氣筒、簡易維修工具等……並持續對安全帽、手套和車褲的選擇猶豫不決。

那陣子如果天氣舒服，我會試著全副武裝上路，先以家附近的河堤為練習場地，再循序拉長練習時間與距離。待身體漸漸適應車感，手指能靈活換檔，肌肉耐受力增強後，才開始騎到更遠的地方，或者轉向山路挑戰。

由於決定下得倉促，訓練的空檔有限，只好死馬當活馬醫，硬是越級挑戰傳說中的進階路線，諸如外雙溪一帶人稱「風中劍」的三條山徑（分別為風櫃嘴、中社路、劍南路）、陽明山的巴拉卡公路……如果說平地是累積實力的評量習作，那麼山路就是驗收實力的大會考。騎山路不僅是升級鍛鍊，也是車手見真章的時刻。

隨著練習的次數增加，心態也漸漸由消極轉而積極，或許是心情改變的緣故吧，總覺得體力也提升不少。幾經山路洗禮，我開始對騎單車有了另一層體悟，領悟到對新手而言，最好將「追求速度」的迷思拋在腦後，改將「耐力」和「意志力」前置為訓練重點，在漫長的路程中學習分配體力、傾聽呼吸、感受心跳，進而試探自己的極限，甚至，在必要時舉手投降。

臨行前的最終考題是一趟中長途的半日騎乘，完成後單車就得裝箱，直到下次在印度重見天日。

我從北投的家出發，先騎到淡水，再取淡金路沿海北上，一路經過三芝、老梅、石門……或許是先前的練習發揮作用，不費吹灰之力已騎完五十公里。眼看時間還早，運動細胞依然亢奮，繼續向前挺進，心想乾脆一鼓作氣衝到金山，挑戰單車生涯的第一個「破百」。

便利商店、核電廠、濱海行動咖啡車、友善單車客的派出所……不一會兒金山老街已近在眼前。在熙來攘往的老街稍事休息後，忽然起了改走山線返家的念頭。於是我打開地圖，評估路線可行性，並參考網友經驗，研究是否有挑戰價值。最後拐了個大彎朝陽金公路前去。

在那之前，我對陽金公路的記憶只有馬槽橋和大油坑，從未記得它的蜿蜒、陡峭與深長。非假日車流很少，交會的車輛寥寥可數，使得山巒保有原始的莊嚴與靜謐，彷彿能聽見蜻蜓振翅的音律，撫摸蝴蝶飛舞的氣流。我繞過好幾個髮夾彎，沒入更深的山林，來時路好像不存在似的，被身後的綠蔭寸寸抹去。山路雖陡，但若不趕時間，慢慢騎必能慢慢完成。

喘吁吁、汗涔涔地攻上山頂，爾後迎來的是無盡的下坡道。誰都喜歡下坡的暢快，但也明瞭下坡的危險性，在不熟悉路況的情形下，我絲毫不敢大意，更加聚精會神地握緊把手、控制煞車，深怕一個分神車子會失速、失控。奇怪的是，眼看碼表上的里程飛快跳動，身旁的風景疾速後退，我竟然不覺得害怕，甚至暫時忘卻了恐懼。涼風像一雙溫柔的手，安撫著我透支的靈魂，而速度是強效的助興劑，使我聽見自己亢奮的心跳。這下我終於明白了！明白汗水淋漓的爽快、苦盡甘來的甜美。我忽然變得有點期待單車旅行。

那天直到家門口才發現，里程數竟然沒有破百。辛辛苦苦耗費更多時間和體力，卻是選中一條截彎取直的山路……最長的騎行紀錄暫時停留在九六點一三四公里，與破百僅僅三點八六六公里之差。我並不遺憾、也不打算作弊多繞幾圈，我想，把第一次「破百」留給印度或許更有意義，就像把第一次單車旅行獻給印度一樣。

^A_b回到印度

預約的計程車提早到了，慌亂地把單車箱和行李扛下樓。司機解釋正好在附近用餐，吃飽就提前過來，以為幹了件貼心的事想討讚，殊不知我一點搭腔的興致也沒有，反倒暗地埋怨他自作聰明。如同收假的新兵能拖一分鐘是一分鐘，他一定不明白那十分鐘足以破壞我好不容易做好的心理建設。

窺見家人的眼泛淚光，心中頓時浮現忘記寫遺書的悔恨，雖然有好多肉麻的話想說，但車門已經闔上，家人的身影已越來越小，這一別就是三個月後再見──再見親友，再見台北，再見舒適圈，這是我庸人自擾的決定，必須義無反顧實踐。

──

子夜的機場怎麼看都像乏人問津的博物館，搭夜機的乘客彷彿被深深的倦意詛咒般，一副意興闌珊的模樣。過海關，掃描行李，查驗護照，一切的一切給人昏沈的印象。歷時五小時飛抵吉隆坡（Kuala Lumpur）、三小時過境，再銜接另外四小時的航段，表面上冗長的過程，實際換算不過是一場劣質的睡眠和諸多擾人的手續。

旅行的首站是南印度的崔奇（Tiruchirappali，簡稱 Trichy），當初貪圖機票便宜而選了這個冷門之地，難怪整架飛機，乃至整個崔奇「國際」機場，只有我一位看起來像觀光客的異鄉人。移民

官把護照左翻右翻，好不容易找到粉紅色的印度簽證，接著開始打破沙鍋問到底：

「來印度的目的是？」

「觀光。」

「打算待多久？」

「直到明年初吧。」乍聽很遙遠，實際上只是三個月後的事。

「待這麼久啊？那你的回程機票呢？」

「我沒有回程機票。」早料到這個問題，但沒有就是沒有，只能據實以報。見對方一臉困惑，我趕緊補充：「因為我要騎單車（Bike）旅行，不確定能騎哪裡，所以沒買回程機票。」

「Bike？你要騎 Bike 旅行？你的 Bike 在哪？」

崔奇機場小到一眼即可望穿，我指向他後方的行李轉盤說：「應該在那裡吧。」這回對方更加困惑了，大概覺得我在胡謅。

「請稍等一下。」那位老兄突然離席朝辦公室走去。幾分鐘後，他偕同另一位同事歸來，兩人以當地語言窸窸窣窣交談。

這次改由另一位散發主管氣場的移民官發問：「您好，聽說您要在印度旅行三個月啊，而且是騎 Bike？」

「是的。」

「有具體計畫嗎？」

「嗯……大抵是從南到北吧，先從這騎到印度最南端，那個叫做什麼名字來著……」

「科摩林角（Cape Comarin）？」主管氣場的男子接話。

「對對對！科摩林角！然後從那一路向北，目標新德里（New Delhi）。」

「用三個月時間騎到新德里？」

「是的。」我篤定地回答。兩人再次竊竊私語，有別於剛才的困惑，這回他們好像釐出什麼頭緒似地豁然開朗。

「Mr. Chang，我想您說的應該是 Cycle 而不是 Bike 吧？在印度如

果說 Bike，通常是指摩托車，說 Cycle 才是腳踏車。你應該是騎腳踏車旅行吧？」

「哈哈哈哈，原來如此！那應該是 Cycle 才對。Cycle、Cycle，哈哈哈……」我邊乾笑邊澄清。差點忘了印度使用的是英式英語而非美式英語，如此便能解釋我指著行李轉盤的怪異舉止。

「可是 Mr. Chang，沒有回程機票還是有點為難。」

「上次來印度也沒回程機票，並沒有任何問題啊。」

「您曾來過印度嗎？」

「對啊。」

訊問至此，隱約透露一道通關曙光。我取回護照，翻到上次入境印度的舊簽證說：「你們看，六年前來過。」

那張舊簽證彷彿有催眠作用般，使他們不約而同露出「原來是自己人啊」的表情，開始你一句我一句地追問「上次去了哪裡？」「喜不喜歡印度？」「為什麼再來印度？」之類無關緊要的問題。正當我快要失去耐性，那位主管也差不多揮霍夠好奇心，他滿足地為話題作結，指示另一位官員在我的護照蓋上入境章。

──歡迎（再次）來到印度。

「果然是回到印度了。」光是待在機場的短暫片刻，種種可預料與不可預料的事已令人應接不暇：首先是行李工遍尋不著我的單車，他搖頭晃腦，在庫房進進出出，最後卻拖來一大箱液晶電視。我賣力跟他玩了幾回比手畫腳，對方才終於猜對正確答案，搬出我的腳踏車。

組裝車子的時候招來了一群圍觀民眾，起先是負責拖地的大姐，她越拖越靠近，一面揮空手中的拖把一面偷瞄。接著是一位穿著工作服的大叔，站在大姐旁邊聞風不動，瞪大眼睛看得出神。我

故作無視，繼續為輪胎打氣，下一回抬頭竟然多出三位西裝筆挺的青年。他們介紹自己是地勤人員，剛值完夜班準備回市區的家。既然都是要往市區，我想乾脆藉機會問路，可是還未開口，卻被他們搶快一步。

「這個，能不能借我騎騎看？」其中最魁梧的青年問。我猶豫了幾秒，心中的答案明明是「No」卻不知為何回答了「Yes」。下一秒，青年們已爭相為我牽車；我只好狼狽地收拾散落的行李，追上他們的腳步。

來到機場外，看著青年們騎著我的車兜了一圈又一圈，輪番與它拍照留影，我才赫然想到第一個坐上車的人不是自己！更糟糕的是，里程表上的第一筆紀錄也不屬於我，而是來自機場裡偶遇的陌生人！

唉……算了吧，既然來到印度，最好欣然接受這種印度式的歡迎，機場內各種形式的「歡迎」已預告了往後的日子還有更多有趣的事。是的，當時我還天真地以為即將發生在我身上的都是有趣的事……

A—C 牛仔酒吧的鴻門宴

我的印度處女航是從崔奇機場騎到市區，距離只有短短十公里。我戰戰兢兢地踩動踏板，盡量貼路肩騎行；交通雖然比想像中順暢，但柏油路到處坑坑巴巴，且必須與腳踏車、摩托車、電動三輪車、轎車、巴士……等各式交通工具爭道，不時從後方超越的駕駛猛摁喇叭，直教人神經緊繃。

感覺好像做夢，明明昨夜還在家鄉，怎麼天一亮我就在印度大街上騎著單車。可是如果是夢，肌膚應該不會有刺痛的知覺，這太陽顯然是印度的太陽，空氣是印度的空氣，噪音也是印度專屬的噪音，一切的一切在在提醒著我：熟悉的家鄉遠在千里之外。

想要融入一座城市，乃至一個地區的交通默契，最好先花點時間觀察他們的潛規則，以下是最初十公里的實況轉播——

1. 車輛靠左側行駛。與台灣相反。
2. 承上，駕駛右駕。也與台灣相反。
3. 他們在必要時摁喇叭。
4. 他們在不必要時也摁喇叭。
5. 綠燈通行。雖然號誌燈屈指可數。
6. 紅燈也能通行。

觀察歸觀察，一旦匯入市區壅塞的車流，以上看似規則的規則又瞬間失靈。於是我很快領悟到：沒有規則就是印度的規則。

不過我的直覺倒沒有失靈，憑著過往的旅行經驗，順利在火車站附近找到住的地方，該旅館只剩一晚六百五十印度盧比（時約三百二十台幣）的雙人房型，當時灑灑掏錢的我並不知道那是三個月來住過最貴的房間。房間果然如老闆形容的寬敞，塞進一位單身旅客、單人份行李，以及一輛單車，仍綽綽有餘。

放下行李後，我跨到對街吃了一頓朝思暮想的塔里餐（Thali，多種配菜的大盤餐），再騎著車到附近的電信門市申辦電話卡。申辦 Sim 卡的手續很繁瑣，除了需要身分證件，還需兩張證件照。起初只有一位員工為我服務，卻不知何時變成了兩位、三位，最後手邊沒事的人通通跑來湊熱鬧，他們一位負責翻譯，一位負責填寫表格，一位跑腿影印，一位也不管我感不感興趣，興高采烈地聊起他的大學生活。

層層手續耗了將近一小時，眾人彷彿完成一項世紀任務般鬆了口氣。我簡直是貴賓中的貴賓、VIP 中的 VIP，受歡迎的程度之甚，馬上被發了小酌邀請。當下並不知道自己就要當冤大頭，只知道旅行之初情緒高漲，缺少危機意識，凡事來者不拒。

——

不料當晚被放了鴿子，說好來接人的電信員工遲遲未現身。我早聽說印度人欠缺守約或時間觀念，想不到才第一天就倒楣碰上。打了電話過去，對方在另一頭口沫橫飛地解釋臨時有事，要求改約隔天。雖然生氣，但那股氣還是敵不過好奇心，又不爭氣地答應了。

翌日，挑了幾個熱門景點，進行為時半日的市區觀光，人雖然在

觀光，心卻掛念著喝酒的事。我反省自己貿然應約是否失妥，畢竟對方不過是短暫接觸的電信門市員工，只知其名叫做拉札，以及一筆匆匆留下的電話號碼。前一夜被放鴿子說不定是落跑的契機，而我卻傻傻地二度落入陷阱，倘若真有危險，那我絕對是世界上最容易上當的獵物。

若不是在赴約前認識了保羅，我大概真的會把約推掉。

新朋友保羅是位電腦工程師，從新德里來崔奇出差，與我入住同一間旅館。他無意間聽到我視訊時說中文而前來搭訕，並說起了簡單的中文。原來保羅因為工作需求學了多種語言，包括一點點中文，那一點點中文很快搭起我倆的友誼橋樑。

我一眼就看出保羅是位錫克教徒，他的纏頭是錫克教（Sikhism）特有的形式，頭巾下是蓄了一輩子的髮絲，年紀越大纏頭越大，簡直像年輪一樣可用以判斷年齡，推測保羅大概四十出頭。錫克教主張積極入世，普遍好客、大方，且熱心奉獻。在出發前，忘了從哪讀過有人建議，若旅途中找不到住宿，不妨嘗試看看錫克教寺廟。於是我想，不如約這位新朋友一起去喝酒，多一個人比較熱鬧，有他作伴也更安心。

這回拉札總算準時現身，還帶了另一位同事。我和保羅分別坐上兩人的重型機車，暗夜奔馳，停在一間看起來很高檔的旅館前面。拉札脫下安全帽，朝大門雀躍奔去，他邊跑邊提高聲調，像個孩子難掩興奮地說：「太棒了！今天是 Chang's treat。」

我還沒來得及思考拉札的話，已一時口快回答了「Yes」。下一秒，才猛然驚覺事態不對——他剛剛說要我請客嗎？而我是否不經意

答應了？為什麼我老是在亂接「Yes」，在機場是，現在也是⋯⋯酒吧位在旅館的地下樓，美國牛仔風格，挑高空間分成樓中樓，除了圍著吧檯的高腳座位，其餘大多是開放式包廂，裡頭無論燈光或音樂都用心斟酌過，酒保打扮得有模有樣在吧檯內⋯⋯發呆，等待稀稀落落的客人上門。如果只能用一個字形容整體環境，鐵定就是「貴」。而「貴」這個中文字是保羅先說出口的。

我們在一樓包廂就座，服務生一個箭步上來點餐。拉札立刻表現出很罩的模樣，搶著為大夥各叫一支澳洲進口的翠鳥啤酒，並點了幾碟「吃巧不吃飽」的下酒菜。

我們趁啤酒泡未消散前舉杯，可我卻不知該為何事慶祝，是為了這偶然湊合的四劍客？詭異的西部牛仔體驗？還是令人焦心的帳單呢？都怪我好奇心太盛，整理行李時沒有打包「戒心」，怎麼才旅行第二天就忘了是來單車窮遊，竟跟著幾個陌生人在此花天酒地。

不知不覺小菜已經吃光，拉札再次彈響手指把服務生喚來，他一邊加點，一邊深怕我背信似地再三強調：「Today is Chang's treat。」旁邊那位會話的同事似乎想提醒他適可而止，但厚臉皮的拉札才不管那麼多。這時候，身旁的保羅再次用中文對我打暗號：「貴！」我當然明白，但幾巡黃湯下肚，略感微醺的我卻豁達地回說：「沒問題的，今晚交給我。」

老實說，我大可找理由推託，或者藉尿遁落跑，可是因為有保羅在，所以我辦不到。是我無端把他拖進這混水，否則他大概已在旅館呼呼大睡，或沈浸於商店買來的便宜酒精，而不是在此尷尬陪笑。雖然在心中排演過諸多情境，偏偏被酒精控制的腦袋就是

不聽使喚，我所能想到的權宜之計，只有打腫臉充胖子。

不知過了多久，或許是一個小時，又或許兩個小時，設計得逞的鴻門宴也該落幕。我接過帳單，故作豪邁地掏出信用卡，帳面上共一千八百盧比，雖然不是驚人數字，但稍加換算，便會發現那至少是三晚的住宿費、三十頓朝思暮想的塔里餐、一百八十杯印度奶茶、10GB 的網路流量，以及電信員工不知多少天的薪水……

猶記得分手時，拉札還很不識相地問我玩得開不開心。「開心！當然開心！」這世上沒有比旅行第二天就被佔便宜更值得開心的事……

鴻門宴結束後，我倆被安穩地送回旅館。酒酣耳熱的保羅彷彿意猶未盡，提議到他房裡續攤，他拿出剩下半瓶的威士忌兌水招待，感覺像是要彌補什麼。我們喝著喝著，保羅興致一來，取了一條備用的頭巾替我進行纏頭。

「三個月後，如果你騎到德里，請務必與我聯絡。我的朋友，我會祈禱你一路平安。」保羅對著被打扮成錫克教徒的我誠摯祝福，溫柔地說。

不料隔天宿醉醒來，我卻遍尋不著保羅的聯絡資訊。保羅已經退房，而我最後也沒騎到德里。

托萊塢初體驗

由於行李中沒有帳篷和睡袋，所以這趟旅行有個基本規則：找到地方住，或者流落街頭。為了遷就住宿，路線規劃不得不更謹慎，我得盡快學會從地圖中嗅出弦外之音，例如字體越粗表示城市規模越大，街道越密集表示人口越多，而規模越大、人口越多的地方，出現旅館的機率肯定越高。

第一次遷徙從崔奇騎到七十公里外的普都戈泰（Pudukkotai）。Google 地圖指引了一條安全的鄉間小路，沿途的風景毫無驚喜可言，對比之下當地人的反應倒是比較有趣，他們驚訝、驚嚇、瞠目結舌，圓滾滾的眼珠好似隨時要滾落地上。上學途中的小朋友熱情地揮手招呼，呼朋引伴追上來 Say hello；按捺不住好奇的機車騎士減速與我並騎，只管用眼神打量，看飽了自動飄走。以上情況倒容易應付，要是遇上英文不錯的可就麻煩，他們會絞盡腦汁對你做身家調查：你從哪裡來？要去哪裡？叫什麼名字？幾歲？更進階題目像是：車子多少錢？做什麼工作？自己一個人嗎？結婚沒？為何還不結婚？

另一種情況也很難招架，那就是「被要求合照」。幾年前來印度常被借相機合影，而今智慧新手機漸漸普及，變成被要求同框自拍。

在一座岩石公園歇腳時，就遇到一群愛拍照青少年。公園貌似荒廢，噴水池乾涸見底，雕像鋼筋外露，男男女女在破公園裡玩得

25

不亦樂乎，又見我出現簡直嗨到最高點。都怪我妄開合照先例，活該招來一組接一組的排隊人馬，這些人能夠擺出一百種姿勢，變換一千種隊形，與你進行一萬次合照。大部分的拍拍照就閃人，調皮一點的會嘗試伸手討東西。「給我十盧比好嗎？」「我要你的太陽眼鏡。」「手錶送我。」……好不容易擺脫了那群人，準備跨上單車逃離現場，卻發現掛在胸前的太陽眼鏡不翼而飛……

──

說到印度的青少年，也不知是無憂無慮或者遊手好閒，無論平日假日、白天黑夜，街上總有那群人的身影。我在普都戈泰入住的旅館旁正好有間電影院，那條街亦成天被青少年包圍，隔日下午我好奇地湊過去，發現票價很便宜，也跟著買票進場。

泰米爾納德邦（Tamil Nadu）的影視基地位在東南岸的首府清奈（Chennai），此地出產的電影並非廣為人知的寶萊塢片（Bollywood），應該要稱作「托萊塢」（Tollywood）。在印度，與前兩者齊名的電影工業還有來自加爾各答（Kolkata）或海德拉巴（Hyderabad）的康萊塢（Kollywood）。

最新上映托萊塢愛情喜劇片座無虛席，廳內清一色男性觀眾。電影尚未開演，觀眾已騷動不止，他們對著預告片尖叫、吹口哨，連戒菸宣導都能自嗨。在印度看電影，付費的即是老大，觀眾要怎麼發洩都行，大聲講電話也不會被白眼。若要期待大家安分觀賞，反而是跟自己過不去，當作看演唱會會比較寬心。

這部愛情喜劇老哏到不行，超展開的情節多到數不清，就算聽不懂泰米爾語也能抓到七八成。因為劇情太八股，反倒歌舞的部分

令我眼睛一亮。印度電影最為人稱道的不外乎是穿插其中的歌舞片段，歌舞亦是現成的宣傳資源，片商將電影剪輯成音樂錄影帶，洗腦神曲上映前鋪天蓋地，人人進戲院就能跟著哼唱，甚至跳到座椅上熱舞，震耳欲聾的吶喊配上肆無忌憚的歡笑，簡直要把屋頂掀翻。印度人好像不怕吵，反倒越吵越爽似的，所以才說是演唱會，或說是大舞廳也行。

由於又演戲又歌舞，印度電影通常很長，故有「中場休息」的必要，觀眾可趁空檔補充零嘴，解決生理需求，或哈一根菸。依我觀察，休息時間似乎沒有固定長度，觀眾都內建了生理時鐘，不待工作人員招呼便自動歸位。即使中斷一段時間也不必擔心冷場，觀眾的情緒無縫接軌，下半場一開始就陷入瘋狂。

那天在電影開演前有段小插曲。

我被一群印度人纏著拍照，其中有名男子執意把我拉到牆邊的巨幅海報前，起初以為他想與演員肖像一同入鏡，沒想到他竟指著海報上其中一枚頭像，說那個人是他。仔細對照，還真的一模一樣！驚喜之餘，換作我連忙掏出相機。
「所以你是演員之一嗎？」我一邊對鏡頭微笑一邊咧嘴問。
「是的。」那位其實不太有明星臉的男子回答。
「待會在電影中能看見你的演出？」我再次確認，依然得到相同答案。

天啊！難道是首映會？否則怎會有演員出席？

整整三小時的觀影過程中，緊盯每一位演員，掃視每一張臉，就是找不著剛才那個人，散場時也無緣再遇見他。心癢難耐的我趕

緊衝回旅館，把合照交給老闆鑑定，然而老闆卻不為所動地說：
「你誤會啦！那人只是影迷俱樂部的成員，只要繳會費，誰都能
被印在電影海報上。他並不是什麼電影演員喔。」

我放大照片仔細研究，發現除了該名男子的臉，男女主角周圍還
有其他幾個肖像，有大有小，大概是繳越多錢就能被放越大吧，
我不禁暗自揣測。可是那位老兄為為何要說謊？我從後來的旅行
經驗中試著歸結出幾個私論：第一，不管他們有沒有聽懂問題都
只會回答「Yes」，這並不奇怪，因為我也經常犯類似的毛病。第
二，南印度人雖然熱情，其實骨子裡很靦腆，不善於拒絕別人，
尤其是陌生人，我後來就深受其害，常常被不懂裝懂的人亂指路。
第三，總之印度就是如此 Incredible，「Incredible India」無須多
做解釋。

印度果然是個謎樣的地方……

$\overset{\text{A}}{\text{c}}$ 湊合著過

電子地圖雖然方便，但畢竟是數據運算的結果，人工智慧難免有不知變通的情況，不懂得抄捷徑，不擅長鑽小路，更無法應付突發狀況……是故，盡信地圖不如無地圖，有時候電子地圖不轉，還是得靠人的腦袋轉。

「你可以走『Highway』啊。」啟程之前，旅館老闆如是說。他的一席話給了我當頭棒喝。

原來在印度，單車也能上高速公路啊！理論上禁止行二輪機械的高速公路，實際上卻是廣納百川，各種交通工具皆能通行的便道。雖然英文同樣是 Highway，但將印度的「Highway」譯作「高速公路」並不精準，論層級而言，應該更接近台灣的「快速道路」。

於是第二次的長途移動，我改騎「國道」（National Highway）。

連接普都戈泰和馬杜賴（Madurai）的國道是寬敞的三線道。國道上果然各種交通工具都有：常見的四輪轎車、凶狠的卡車、堆滿貨物的摩托車或腳踏車，有時還能看見牛車和農機，甚至悠哉散步的行人。

偶爾也有迷途的動物闖上來，沒頭沒腦地霸佔車道，運氣好的有機會全身而退，運氣差的很可能成為輪下亡魂。我見過好幾次風乾的屍體，例如牛、羊、狗、烏鴉、青蛙、蜥蜴……只留下一張

被反覆輾平的毛皮，以及陣陣惡臭。

氣溫三十八度，風是熱的，辛苦騎完八十公里還有四十餘公里。我為了避開路人的糾纏而繞了許多冤枉路，導致與沙發主人相約的時間一延再延，從兩點延到三點，再從三點延到四點，眼看太陽從東邊換到西邊，再從西邊準備沒入地平線，我心急如焚。

我以為無法在天黑前抵達目的地，但總算在黃昏的尾聲來到馬杜賴。薩德騎著摩托車來接人時，我已是一副亟待救援的模樣，精疲力盡地癱在路邊。這天共騎了一百二十五公里，初次嘗到了「破百」的滋味，不是甘的，有一點點苦。

——

沙發主人薩德是沙發衝浪網站的新會員，在市中心外租了棟緊鄰鐵道的舊屋，火車轟隆隆的噪音日以繼夜，巨大的聲響若來自深夜，簡直就像遭遇夜襲似地教人驚慌彈起。

空著的房間有時被用來接待沙發客，我到的那天一共有四位沙發客同時借住，分別是來自英國的情侶檔、土耳其的靈修派男子，以及騎單車的我。第二天，英國情侶檔就因為女方生日而搬去市內的三星級飯店，我能夠理解搬遷的原因，因為薩德的房子實在不是適合慶生的浪漫場所，說殘破也不為過。

留下來的靈修派男子名叫布拉克，二十四歲，他非常崇尚禪修、瑜伽、氣功、按摩……等任何與心靈昇華有關的活動，小時候的夢想是去少林寺學氣功。布拉克的旅費拮据且英文很兩光，但再怎麼窮、怎麼兩光，還是靠著各種生存方法從中亞旅行至此。如

果誰想要節省旅行開銷，沙發衝浪絕對是明智之選，不僅免住宿費，有時甚至連伙食費和交通費都是主人搶著買單（例如薩德）。然而和布拉克不同的是，比起省錢，我選擇沙發衝浪的主要目的是為了向當地人打聽路況。我想，無論是沙發客或者沙發主人，彼此都有心照不宣的動機。

我不明白，日子看來捉襟見肘的薩德為何還要費心接待沙發客。他的現實生活，就像印度這塊土地一樣充滿謎團。首先當然是幫沙發客付錢的事，通常第一次買單叫作好客，但第二次、第三次，呃……就不知道該叫什麼了。我曾私下問過英國情侶檔，他們也莫可奈何地說：「沒辦法，他就是不肯收錢。」雖然是貪了小便宜，但總覺得哪裡不踏實。

然後是薩德本身。他的現職為工程師，副業是煙火工廠的合夥人。已婚，育有一子，老家在七十公里外名不經傳的小鎮。薩德因為工作不常回家，但我從話語中隱約嗅到與妻子不睦的訊號，推測那才是聚少離多的主因。

最後是關於破房子的事。據薩德表示，屋子是友人閒置的空屋，當時他正巧要到馬杜賴工作，朋友當作找人看屋，所以給個優待。可惜薩德好像是凡事「湊合著過」的類型，房子雖然多了生活感，卻是在沈積的灰塵上加疊一層雜亂。薩德為此雇用了一位老管家，那位管家也和主人同樣是個謎，像個小跟班一樣老是走在隊伍最後面，因為不會說英文，連帶給人一種聾啞的印象。

然而，之於來免費叨擾的沙發客，又何嘗不是湊合著過，即便只有一張簡陋的睡墊、一桶二十盧比來路不明的生飲水、一間遍布污漬的恐怖廁所，我們還是毫無怨言地住下來。或許只要能令時

間繼續向前，即表示旅行仍在進行式，我和布拉克都有類似的認知。

第二天晚上，薩德因工作在身而將我們臨托給老管家。老管家奉命帶我們參觀馬杜賴最偉大的米納克希神廟（Meenakshi Amman Temple），再去附近的皇宮欣賞夜間聲光導覽。雖然語言不通，行程卻意外順利，唯獨最後在餐廳發生的小插曲壞了一鍋粥。

晚餐時段，我們隨意走進車站附近的餐廳，從看不懂的菜單中隨意挑了幾道菜。老管家或許顧慮外食太奢侈，寧可眼巴巴看著我們把食物送進嘴裡，也不願叫一些東西果腹。於情，我們該為他也點一份餐；但於理，想到薩德再三提醒我們別把管家寵壞。著實兩難。

不久後，羅生門發生了。

晚餐進行吃到一半，管家不知為何嘴巴反覆唸著 Baby、Baby，越講越焦躁，整個人像鍋爐炸開似地伸手向我們要錢。沒有任何徵兆、完全摸不著頭緒，我們呆傻著，不知該不該付給他索討的兩百盧比。

我猜，管家或許是想趁主人不在時討點小費，理由是家裡還有妻小之類的。礙於語言不通，只是推測。
這時布拉克提議說：「還是打電話給薩德吧？」
「他知道了會生氣吧？」
「可是像這樣無法溝通也不是辦法啊。」
我聽從布拉克的建議撥了電話，直接遞給管家。兩人在電話中簡短交談後，手機再度回到我手上。另一頭的薩德似乎早預知此狀

況，透過電話反覆叮囑我：「記得，無論如何都別給管家錢。」

唉……面前上演的是什麼種姓制度劇場嗎？還是八點檔世間情？為什麼好好一頓飯吃成這樣……

掛斷電話後，布拉克有意無意地問我：「我們看起來很有錢嗎？」他雖然對著我發言，卻更像有意把話轉達給管家似的。而我，那時候，竟乘著布拉克尖酸的話火上加油：「當然不是啊，我看起來還不夠窮嗎？」可是話才剛脫口，我就後悔了。因為同一時間，管家彷彿能聽懂似地宣告投降。

是我多慮嗎？他應該聽不懂才對……我覺得好愧疚，一種在別人背後說風涼話、仗勢凌人的愧疚。就算再窮，好歹也白吃白喝白住了兩天，省下旅費不說，竟然好意思喊窮。我忽然想起稍早才施捨過乞丐的事，還自以為悲天憫人，怎麼過沒多久就成了滿腹藉口的小氣鬼。

隔天一早按計畫離開了馬杜賴，有一部分的我認為自己已沒資格繼續待在這地方。而布拉克亦透過薩德的協助移動到北方小鎮，準備開啟他的瑜伽旅程。離開之前我們都沒再見過老管家。

雖然離開了薩德的家，有件事卻一直縈繞我心……

那天晚上在餐廳裡，老管家主動拎著我們的錢去櫃檯結帳，可是找回來的金額並不正確，少了十盧比。我直覺看了老管家一眼，他也心虛地回看了我，然後彼此轉開視線，不發一語地步出餐廳。

紙上煙火

旅行的近程目標是印度的極南點——科摩林角,從馬杜賴到那大約還有兩百五十公里,是我一天鞭長莫及的距離。偏偏途中沒有理想的對分點,不是太遠就是太近。

早上六點半出發,再度踏上孤獨的路。沿國道繼續南下,發現路旁有許多煙火店,它們不像台灣雜貨店因應節慶需求的臨設櫃,而是以「專賣店」的氣勢醒目存在。煙火店為數之多,間接說明了印度人對煙火的著迷。

向南騎了八十公里,順著「科維爾帕蒂(Kovilpatti)」的指標岔離國道,心想若有落腳的地方就打住,沒有就繼續前進。結果才剛進小鎮就被一位機車騎士尾隨搭訕,我本打算無視,但轉念一想,既然有人自動上門,不妨趁機打聽住宿情報。

男子的名字叫做喬瑟夫,家住在科維爾帕蒂市區。他說他剛吃飽飯,外甥女不知為何鬧著要兜風,兩人難得出門蹓躂,在回程路上遇見我。喬瑟夫進一步解釋這種相遇叫做「緣分」,而「緣分」邀請我到他們家作客。

坐在喬瑟夫家冰涼的大理石地上,夫人端來了一杯水,見我一口氣乾掉,又端來一整只鋼壺,我把那壺水再次咕嚕咕嚕喝到見底。實在太渴了,渴到令我顧不得形象,極度乾燥的天氣差點要我的命。我一邊抱怨天氣,喬瑟夫一邊語帶憂心地說,這一帶已經

四十幾天沒有下雨，該來的雨季確定遲到，教居民苦不堪言。聽完他的話，突然好後悔把那壺水喝得一滴不剩，好像把誰的珍財不知節制地灌進肚子裡佔為己有。

因為天候乾旱，地方順勢發展出煙火產業，據說科維爾帕蒂是南印度的煙火重鎮之一。不過喬瑟夫家與煙火產業毫無關係，他家在市內經營一間小水電行，喬瑟夫帶我登門拜訪時，他的爸爸正在幫忙顧店。他老爸剛從報社退休，這位當地家喻戶曉的記者得知我正在進行單車旅行，竟自顧自地打電話聯絡前同事。記者們的效率之高，不出十分鐘，臨時接獲採訪任務的前同事已騎著古董級腳踏車現身，連喬瑟夫的弟弟和侄子都接連出現。

小小的水電行一下子變成採訪室，撥開雜物的桌子充當編輯桌，喬瑟夫扮演即時口譯，記者先生在臨時撕下的估價單背面振筆疾書。

「張先生，我聽說您來自『泰』……」
「是的，台灣。」不趕緊接話恐怕又要變成「Thailand」
「哈哈哈，台灣，我知道台灣。非常歡迎您遠道而來。」
幾句寒暄後，正式進入訪問。
「請問您今年貴庚？職業是？」
「三十二歲，可說是位作家吧。」
喬瑟夫繼續翻譯，記者先生用泰米爾文速寫著。
「一個人來印度嗎？為什麼想來印度單車旅行？」
「是的，一個人。因為是第二次來印度，想嘗試不同以往的旅行，算是一種自我挑戰吧。」以上是我的英文能力所及、最精簡最無聊的答案。
「明白。那麼，能否大致描述你的旅行計畫？」

我把入境時對移民官說的那套又搬出來，講完連自己都感到不真實。我在說的到底是不是別人的事？

後來陸續被問了「平均一天騎多遠？」「時速多少？」「有沒有遇見什麼困難？」等問題。真是慚愧，其實我僅僅抵達印度一週、上路才不過三次，實在沒資格侃侃而談。可是記者先生毫不在意，他公事公辦，俐落地完成採訪，把草稿對摺又對摺塞進襯衫口袋，接著說：「請隨我們到外面拍張照。」

一行人移動到室外。
「來來來，站在這邊。微笑。」（我微笑）
「OK！再一張。站到車子旁邊。」（我站到車子旁邊）
「很棒，跨上去，做出騎車的姿勢。」（我跨上去，做出騎車的姿勢）
記者先生檢視過照片，滿意地點點頭，又說：「我這就回去趕稿，應該來得及在截稿前完成，順利的話明天就會刊出。」

說不期待是騙人的，我在受訪時就已經開始想像，報導會以什麼形式呈現？篇幅多大？安排在哪個版面？上不上相？會不會被路人認出來？到商店有打折嗎？越想越覺得一切好超現實、好荒謬。

那天晚上，喬瑟夫邀我到他家共進晚餐，起初有些拘謹，但喬瑟夫一家人的熱情很快就使我心情放鬆。餐後他騎著摩托車載我四處兜風，就像載著他的外甥女那樣。我們來到丘陵上的印度廟，俯瞰整個小鎮的夜色，山下的燈火星散在平原上，蔓延到極遠的地方。迎著風，喬瑟夫指著遠方介紹：「那裡是國道，是我們相遇的地點。那裡是我的家，我們剛剛在那邊吃飯。那裡是我送你

去的旅館，你今晚過夜的地方。」我很想把那些地點深深刻在腦海裡，以免轉身就忘，可惜那些燈火就像轉瞬即逝的煙火，我來到科維爾帕蒂不過是陰錯陽差，是喬瑟夫口中的「緣分」引領我落腳此地。旅遊書沒有推薦這裡，Google 地圖上也只有簡略記載，如果當時沒在八十公里拐了個彎，這地方大概會一輩子與我擦身而過。

——

翌日清早，喬瑟夫帶著熱騰騰的報紙來旅館送別，他已幫我挑出該篇報導，大概也迫不及待要搶先看。報導只佔了極小篇幅、黑白印刷，刊登在全開紙張的左下角，接近讀報時手抓著的位置。照片上的那個人戴著安全帽和墨鏡，臉遮住的部分比露出的還多，說是誰好像都合理。

我一邊聽喬瑟夫翻譯，一邊掃視圓滾滾的泰米爾文，當下竟然有種能讀懂的錯覺。反覆閱讀幾回後，輕輕將報紙折疊，如同存放易燃物般挑了個安全的位置，小心地收進馬鞍袋。對別人而言，或許它只是份普通的報紙，但正因為多了那幾行字和照片，而變得別具意義。我捨不得將它隨意棄置，深怕在乾燥的天候下走火自燃，閃瞬即逝。

我想，我有必要花點時間重整思緒，整理對這塊土地的印象。記憶中的印度曾是個需要時時警戒的戰場，可是這一回、這些人卻一再嘗試撬開我的心防，鼓勵我卸下武裝。我啊，因為改變心意來印度騎單車，因為選擇從南印入境，因為改走國道，因為理會陌生人的搭訕，所以被帶來這個窮鄉僻壤。關於那些賓至如歸的款待、視如己出的人情、不厭其煩的協助……難道都只是迷途之

人享有的特權？種種無私的付出又該如何解讀？

從那時開始，我漸漸敞開心扉，選擇相信南印人的良善，直到在印度最南端遇見三位果亞男孩為止……

有關報導原文，潤譯如下——

科維爾帕蒂，十月十二日

來自台灣的著名作家張瑞夫（三十二歲）帶著記錄傳統與文化的熱情來到印度，進行一趟自我挑戰的單車之旅。旅行自十月五日於崔奇啟程，以日均五十至七十公里的距離，獨自一人向南行進，並在科維爾帕蒂受到喬瑟夫家族的溫情款待。他接下來的路線將會經過最南端的科摩林角，然後北上喀拉拉邦（Kerala）、果亞邦（Goa）、拉賈斯坦邦（Rajastan），計畫於來年的一月十五日抵達首都新德里。

每日電訊報導

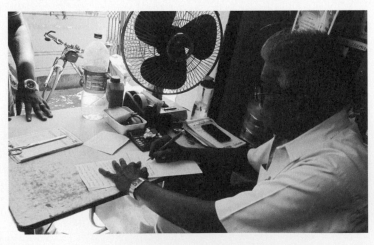

தொடர்ந்து தூத்துக்குடி மாவட்டத்தில் முன்னெச்சரிக்கை
...வடிக்கையாக மேற்கொள்ளப்பட்டு வரும் பணிகளை கண்
...ணிப்பு அலுவலர் மகேசுவரன் நேரில் சென்று பார்வை
...ட்டு ஆய்வு செய்தார்.

...னைமரம் தீப்பிடித்து எரிந்தது

குலசேகரன்பட்டினம், அக்.12–

தசரா திருவிழாவை முன்னிட்டு, குலசேகரன்பட்டினம்
...காவிலுக்கு தீச்சட்டி ஏந்தி வந்த பக்தர்கள் சிலர் தங்களது
...ச்சட்டிகளை கோவில் கடற்கரையில் உள்ள பனை மரத்தின்
...டியில் வைத்து சென்றனர். இதனால் நேற்று மதியம் பனை
...ரத்தில் திடீரென்று தீப்பிடித்து எரிந்தது. உடனே தீயணைப்பு
...லைய வீரர்கள் விரைந்து சென்று தீயை அணைத்தனர்.

...சைக்கிள் பயணம்

கோவில்பட்டி, அக்.12–

...தைவான் நாட்டைச் சேர்ந்தவர் சாங்யூவி (வயது 32). எழுத்
...தாளர். இவர் இந்திய கலாசாரத்தை அறிந்து புத்தகம் எழுது
...வதற்காக, கடந்த 5–ந்தேதி திருச்சியில் இருந்து சைக்கிளில்
...பயணத்தை தொடங்கினார். அவர் தினமும் 50 கிலோ மீட்டர்
...முதல் 70 கி.மீ. வரையிலும் சைக்கிளில் பயணம் செய்கிறார்.
...நேற்று காலையில் கோவில்பட்டிக்கு சைக்கிளில் வந்த சாங்யூ
...விக்கு உற்சாக வரவேற்பு அளிக்கப்பட்டது. தொழில் அதிபர்
...இளங்கோ, ஜோசப், முருகபூபதி, பிரபு, சவுந்தர்ராஜன் உள்பட
...பலர் கலந்து கொண்டனர். பின்னர் அவர் நெல்லை, கன்னி
...யாகுமரிக்கு செல்லவும், தொடர்ந்து கேரளா, கர்நாடகா மாநி
...லங்களின் வழியாக புதுடெல்லியில் அடுத்த ஆண்டு (2017)
...ஜனவரி மாதம் 15–ந்தேதி சைக்கிள் பயணத்தை நிறைவு செய்
...யவும் திட்டமிட்டு உள்ளார்.

லாரி–மோட்டார் சைக்கிள் மோதல்; ஒருவர் பலி

தூத்துக்குடி, அக்.12–

தூத்துக்குடி சுந்தரவேல்புரத்தை சேர்ந்தவர் செய்யது அப்துல்
...காதர். இவருடைய மகன் இக்பால் (வயது 45). இவர்...

அம்மன்
திரளான

தூத்துக்குடி...
தூத்துக்குடியில்...
கோவில்களில்...
ஹாரம் நிகழ்ச்...
நடந்தது.

நவராத்திரி

தூத்துக்குடியில்...
விழா கடந்த வா...
யேற்றத்துடன் தெ...
விழாவையொட்டி...
கோவில்களில்...
அலங்கார பூஜைக...
விழா நாட்களில் அ...
வேறு அலங்க...
பக்தர்களுக்கு காட...

இந்
மோட்ட

தூத்துக்குடி,...
தூத்துக்குடியில்...
முன்னணி பிர...
மோட்டார்...
தீவைத்து எரிக்...
டது. இதுதொட...
போலீசார் விசா...
நடத்தி வருகின்ற...

இந்து முன்னணி

தூத்துக்குடி...
ரத்தை சேர்ந்தவர்...
பன். அவருடைய மக...
முருகன் (வயது 2...
முன்னணி தெற்கு...
பொதுச் செயலாள...
ளார்.
இவர் நேற்று முன்...
வில் வழக்கம் போல்...
முன்பு தனது...
பூசனை நிறைவி...

A—g 果亞男孩與大麻煩

龍頭上裝有一只碼表，一種能夠測速與記錄里程的低階電子產品，中國製，網拍價台幣一百出頭，便宜卻耐用。有時候比起電子地圖，我更依賴單車碼表，甚至有種少了它就無法騎車的制約感。

交通順暢且路面平整的情況下，時速通常能維持在二十四公里左右，如遇順風再加三到五公里，下坡路段有機會飆破四十。不過那是極少數的情形，路再怎樣也不可能永遠順暢、平整、順風和下坡，如果真是那樣，一定是有拜濕婆神有保佑，或者整個宇宙都來幫忙了吧。

可是神明也有分身乏術的時候，宇宙也可能幫倒忙，科維爾帕蒂之後的路好像在捉弄人似地故意唱反調。無聊的平原、固執的緩坡、盡忠職守的太陽，以及怠慢的雲，都不是敵人的本體，真正的魔王是吹不止的風，「風」看不見也避不掉，明明可助人一臂之力，卻喜歡扯後腿。強風把道路旁的芭蕉葉摧殘得像癱軟的梳子，也把我吹得快舉手投降，正當我疑惑為何風如此強勁，遠方的風力發電扇已說明一切。大量的白色柱體一根根插在原野上，偌大的扇葉快速轉動，風從海上來，越靠近海，越適合風力發電。

我會討厭風不是沒來由的。記得很小的時候，每當外頭刮大風就會把老家的窗戶吹得咻——咻——作響。我非常害怕那個聲音，很像誰在外頭發脾氣，這時睡在旁邊的阿嬤總會耐心哄我，佯裝

要去趕壞人，說也奇怪，不知她用了什麼魔法，每回只要她去外頭晃個幾下，風就不再怒吼。當時的我深深相信是她把壞人趕跑的，直到長大後相信了物理科學，才明白那是風切的聲音。

此時此刻多希望誰來幫我把風趕跑，真後悔當時沒有向阿嬤學習魔法。

——

阿拉伯海、印度洋、孟加拉灣，三大海域交匯在印度半島的最南端，古籍上稱此聖域為科摩林角，印度人則喚它肯亞庫瑪利（Kanyakumari），庫瑪利是印度教的女神。旅遊書上介紹：「這裡是印度唯一能在同一海岸觀賞日出、日落的地方。」

可惜累過頭了，第一個早晨就睡到錯過日出……一覺醒來太陽已懸掛天空，海風把活力吹進小鎮，朝市的人潮熙熙攘攘。沿著大街閒晃，參觀了天主教堂，再信步到海邊，科摩林角的景點大多集中在看得見海的地方，例如甘地紀念堂、庫瑪利女神廟、詭異的水族館，以及一座過時的遊樂園。不遠的海面上有兩座岩島，一座佇立著泰米爾籍詩人的雕像，另一座建有印度哲學家維韋卡南達（Vivekanada）的紀念堂（據說是第一位將印度哲學思想和瑜伽修行介紹到西方的聖者）。

我站在岸邊觀潮，看得出神，突然有位青年打斷我的思緒，請我幫忙拍照。他和同伴兩人以海上的雕像為背景對露齒微笑——現在想想，若旅行有劇本，這就是我和果亞男孩相識的序幕。

緊接著下一幕，第三位青年出場。

眼前三位青年各有特色，就像為了不使觀眾混淆而別出心裁的選角：個子最矮的，亦即請我拍照的那位，名叫巴魯，留著嬉皮 Style 的長髮，肩背嬉皮 Style 布包，講話聲音略帶沙啞，可能抽了太多嬉皮 Style 的菸。另一位身材比較圓潤的叫做東迪，頭髮又短又捲，和身上的碎花襯衫特別相稱，很適合漫步在牙買加的海灘；因為東迪的發音很像「Donkey」，我老是記錯，後來將錯就錯，擅自給他取了個「Donkey」的綽號。至於最後才登場、個子與我差不多高的青年名叫拉吉，他是最少話的一員，有別於其他兩位的活潑外向，拉吉給人既沈著又神祕的印象，酷酷的，彷彿太陽曝曬後的海水。

青年們說，黃昏時要帶著喇叭來海邊放音樂，邀我一同參加。雖然形式上是詢問，但性質上更像「你不來我們會失望」的邀請。反正都要來看日落，有音樂陪襯也不賴，我想。

故事講到這，容我安插一個「或許」無關緊要的角色。那天前去赴約的路上忽然一陣騷動，我好奇湊熱鬧，看見人群中有位流浪漢倒臥地上，不知出於什麼原因，他的頭受了傷，鮮血從那個傷口流出來。我因為趕著赴約所以直接走掉，反正圍觀的群眾那麼多，印度人會解決印度人的事。

再次來到與三人相遇的海邊，他們已佔領堤防的一角播起音樂，所謂的喇叭是一只圓柱狀的攜帶式揚聲器，中心的 LED 燈會隨節奏變換光線。巴魯在喇叭一端貼了張黃色笑臉貼紙，音箱震動時，臉好像也跟著笑。不得不誇讚東迪真是個稱職的 DJ，若誰想接手掌控音樂，只會突顯自己的品味庸俗。他們最愛聽巴布馬利（Bob Marley），全印度都愛巴布馬利，全世界的人都愛巴布馬利。

一根菸輪流抽完又點一根；太陽悄然把著穹交接給月，岸邊的觀潮的人漸漸散去，徒留一些餐後散步的遊客。巴魯提議換個地方續攤，於是四個人拎著一瓶剛買的威士忌，移動到他們的旅館。我們在旅館的天台上喝開了，酒酣耳熱之際，開始分享彼此的事。人跟人都是這樣，要建立信任就得先掏心掏肺。

同年齡的三人是相識多年的死黨，利用難得聚首的機會一起旅行。巴魯和拉吉是學生時代的同窗，而東迪和巴魯的關係是生意夥伴，兩人從印度批發珠寶到泰國高價轉手，貨源即來自家境富裕的拉吉。據說拉吉的父親靠珠寶白手起家，是孟買（Mumbai）和果亞一帶頗具影響力的珠寶商。

「那你呢？為什麼來印度旅行？」他們問我。

這次總算可以好好把原由說清楚，我借酒意娓娓道來：「其實最初的計畫是去斯里蘭卡度假，然而在計畫展開之初，毫無預警地，我最親愛的阿嬤於睡夢中沒再醒來。阿嬤離開的那個清晨，我哭得很慘，哭聲中彷彿聽見她對我說：『我不再是你的牽掛了，放心去旅行吧。』阿嬤雖然患了阿茲海默，但她一定記得我每次旅行時最牽掛的人是她，諷刺的是，而今她的離開，竟變成出發的理由，她要我別再牽掛。」見幾位聽得專注，我繼續說：「於是我決定改變方向、延長計畫。不是很多人說在印度能參透生死嗎？我也以為在印度肯定有關於生命意義的那個『Something』。你們有過類似的經驗嗎？在最艱困的時候想起最重要的人。我想，我是要藉由艱苦的旅行去思念阿嬤吧。這是我牢記她的方法之一。」

音樂在背景流動，喇叭上的黃色貼紙好像在對我笑，威士忌酒見

底了，大夥慵懶成泥。搖搖擺擺地離開旅館，我們漫步到更遠的堤防去。堤防由無數的消波塊堆疊而成，一直延伸入海，由於必須注意腳步，大夥兒難得少話。巴魯和東迪不知從哪弄來一袋食物，我們就坐在海堤的盡頭安靜地嗑著不知是宵夜還是晚餐的烤餅。

「跟我們一起去果亞（Goa）吧。」巴魯突然打破沈默開口。
「果亞？」
「你聽過果亞嗎？」東迪問。
「當然，她在我計畫路線上。估計下個月會到吧。」果亞在印度的西南岸，離科摩林角至少一千公里。
「果亞在滿月之夜有個蘑菇派對（Mushroom party），我的朋友是主辦人，能偷渡我們進去。」拉吉說。那時還我還不知道「Mushroom」是什麼意思。
「機會難得喔，很瘋狂、刺激，想幹嘛就幹嘛！」巴魯邊說邊露出「你知道我在說什麼」的色色表情。
「可是這樣單車路線就全亂了，中間漏掉的部分還得補回來，況且……」況且旅行才剛開始，雖然沒有人規定單車旅行該是什麼模樣，但至少不是動不動就搭車吧？我吧啦吧啦說了一堆顧慮。
「這不就是旅行嗎？管他什麼路不路線，旅行何必如此一板一眼呢？」東迪說，其他人跟著附和。

哎……又是一次「你不來我們會失望」的邀請，而且東迪的話完全正中我的下懷。我貌似正在進行一場自由的旅行，但所謂的自由其實充滿包袱；我並非嚮往派對，但又覺得跟這群派對動物能見識到印度的另一面。我猶豫許久，大概有一百波海浪那麼久，最終硬著頭皮答應了。

48

「東迪明天一早會去買火車票，需要你的護照號碼和英文姓名。腳踏車可以帶上火車，沒問題的！」巴魯說，間接宣告此事大致底定。

當晚與三人分手後獨自走回旅館，熱鬧的大街已然冷清，冷清地令人不安。我不自覺加快腳步，經過了白天那位流浪漢倒臥的地方，流浪漢當然已不在原地，卻無端跑來夢裡。那個晚上我作了個非常奇怪的夢，夢見他從迷霧中朝我一步步走來，停在使我雙眼失焦的超近距離，然後用喉嚨深處發出的低沈聲音對我說：「耶穌基督要你別跟他們去果亞。」

我嚇出一身冷汗，猛然驚醒。

那奇怪的夢是什麼？是誰的暗示？還是淺意識在作祟？凌晨四點，翻來覆去已不成眠，我彈坐起身，從筆記本撕下一頁，寫下幾行字後摸黑出門，憑著印象來到三位青年的房門前，將紙推進門縫，祈禱他們來得及看見。

那張紙上寫著——

給三位：

經過一番考慮，我還是決定照本來的計畫騎車北上，所以請別幫我買票。很抱歉在最後一刻改變心意，如果你們還想見面話別，我們中午十二點，老地方見。

——

「可是票買好了耶。」
「什麼！你們沒看到訊息嗎？」
中午十二點，我們順利於堤防會面，代表他們有看到紙條才對。
「東迪一大早就去火車站排隊候補，他怕吵醒我們所以沒開燈。直到我們醒來才發現紙條。」巴魯解釋。
天啊，結果完全出乎意料，我急忙問道：「票多少錢？能退嗎？不能退的話我會付錢。」
「錢不是問題。問題是，兄弟啊！你為何突然改變心意？」
我當然以相同理由搪塞，什麼計畫啊、路線啊、時間衡量之類。總不能說我昨天作了個奇怪的夢，總不能擺明懷疑他們。

旁觀著巴魯和東迪費盡唇舌，一向少話的拉吉終於開口：「他不來就別勉強吧，我們不是那種喜歡強迫人的人。」兩人好像接到

什麼指令似的，不再多嘴。這時，我觀察到三人間微妙的平衡：巴魯擅交際且點子多，類似團隊中的活動長；東迪體貼細心，屬於默默付出的類型；而拉吉的意見最有分量，也許與他家的社經地位有關。

越是跟這群人相處，越質疑自己對人性判斷的能力。當你疑神疑鬼地觀察三人的行徑，卻發現他們會大方施捨乞丐，讓座給老人家；當你傾吐自己的旅行夢，亦發現他們像許多徬徨的青年一樣抱持理想。我永遠記得東迪說，他的願望是在泰國的海灘主辦一場音樂派對，所有好朋友都將受邀出席；他正在努力存錢，目標在五年內開一間孤兒院。而拉吉也坦言，如果不必繼承家業，他想當個鼓手，可是為了景仰的老爸，他必須努力鑽研珠寶設計。

儘管如此，我仍不明白為何是我？是我故作外放的模樣通過了友誼考核？抑或他們的邀約不過是正常熱情釋放？幾位老友明明可以享受沒有外人的敘舊不是嗎？

那天的黃昏美得值得告白，我們登上岸邊一座醒目的螺旋塔等待日落。巴魯的手機裡播放著印度當紅的 MV，最有舞蹈細胞的東迪聞歌起舞，模仿影片中的男歌手在地上不計形象扭動，大夥見狀笑成一團，直呼「再一次、再一次」。我們笑著鬧著，巴魯突然取出一張黃色笑臉貼紙貼在我的手機背殼，他說：「你看，這就是友誼的象徵。」我不確定他在說的是笑臉貼紙還是笑鬧中的我們。那張貼紙直到旅程的最後都還牢牢黏著。

於是我把夢說出口。

於是我決定去果亞。

51

從科摩林角到果亞需搭乘超過一天的火車，我們搭的是票價較高的空調臥鋪，單車則另外付費寄放在行李車廂。

火車經過一站又一站，無論大站小站，每回靠岸，我們便趁空檔跳到月台或軌道上抽菸，他們的菸癮遠遠超出我的負荷，有時我會自願留在座位上顧東西、滑手機。手機滑著滑著，忽然跳出一些訊息，從臉書得知我將前往果亞的舊識發了一些教人不知所措的句子，不對，正確來說是一連串被拆成句子的故事，就像四散的拼圖，得耐心拼湊才能看清全貌。故事是這樣的：

那年，我的那位舊識隻身在印度旅行，也遇見了三位青年。可是記憶隨時間風化了，他已想不起三位的名字，索性依外型替他們起了代號，分別是：「長毛狗」、「驢子」和「野狼」。長毛狗、驢子和野狼怎麼會湊在一塊？好像帶有隱喻的童話寓言，但請別多慮，代號的功用就只是代號而已。

野狼家的房子在靠海的地方，實際上看不見海，反倒能看見一座教堂尖頂。房子是野狼爸爸在印度眾多的置產之一，感覺上閒置的時間比使用的時間還多，會這麼說，是因為屋裡幾乎沒什麼生活痕跡，彷彿像誰欠了債連夜撤逃，留下一些帶不走的傢俱那樣。

我的朋友受邀到野狼家作客，在那個沒有生活感的屋子住了兩個晚上。剛到的那天下午，他們已顧不得長途奔波的疲憊，迫不及待跳進泳池裡戲水。他們比賽在水中找錢幣，兩兩一隊，老張和長毛狗、驢子和野狼。補充說明，老張是我朋友的名字，與我同姓。

玩著玩著，驢子的腳被泳池剝落的磁磚劃破了，雖然掃興，但遊

戲必須中止。老張從他行李裡的醫藥包拿出台灣帶來的藥膏，連珍貴的人工皮貼布都大方分享，他心想，一路受盡三位青年的照顧，總算找到機會回饋，不過是該做的事而已。

不能游泳，一群人乾脆賴在房裡，他們扛了一整箱海尼根啤酒，說是在菸酒免稅的區域不豪飲對不起自己。菸比平常抽得更兇，大麻當然也沒缺席，聽說在印度要取得那個東西比找一間公廁來得容易。長毛狗親自為老張示範如何捲大麻菸，「看仔細囉，待會輪到你為大家服務。」想抽的人就得負責捲，那是不成文規定。

火車一路向北行駛，附近的小朋友被音樂吸引過來，他們特別好奇那只會發光的喇叭。東迪對小孩果然很有一套，我想他真的適合開孤兒院。咦？「東迪」和「驢子」，是巧合嗎？當然不是，畢竟「驢子」是我自始聽錯，將錯就錯取的綽號罷了。

火車繼續前進，老張的訊息陸陸續續送來。我繼續重組故事。

抽了大麻的四個人飄飄然地，連本來要去酒吧的力氣都沒了。老張說，實在很難確切形容那是什麼感覺，很像喝得爛醉，又不那麼難受；他的舌頭變遲鈍，句子組不起來，他覺得時間是倒塌的積木，找不到邏輯疊回去。

不知出於什麼原因，或許是某部分意識尚未被幻覺侵佔吧，老張突然感到自己毫無防備，那裡可是別人的家，要洗劫或囚禁都輕而易舉，形同甕中捉鱉。他努力拉回自己遠離的意識，用近乎求情，或者求救的眼神直視驢子的眼睛，渴望突破他的心思，可是驢子的眼珠已被大麻吞噬得空空的，好像兩顆殞落的星球。老張只好找藉口去廁所，其實是繞去客廳把行李裡的貴重物，像護照、

信用卡、美金，通通塞進身上的暗袋，能藏多少就藏多少。動作進行到一半，突然有個聲音從背後叫住老張——是長毛狗。你在幹嘛？長毛狗問。沒事沒事，我好像把手機忘在客廳了，老張回答。那時他已成功發出一則手機定位訊息給遠在台灣的朋友。

不過那天晚上什麼壞事也沒發生，老張甚至連自己怎麼睡著都忘了，他只記得前一晚聽著巴布馬利的歌，因為醒來以後旋律還卡在他腦袋。「We don't need no（no more）trouble——We don't need no（no more）trouble——」歌詞是這樣唱的。

火車從白天駛進黑夜，又從黑夜駛回白天。窗外的風景改變了，不再是東南方乾巴巴的黃土，取而代之的是綠油油的椰林。手機累積了好幾則訊息提示，我拉到最上面，趁其他三位還沒醒來前繼續讀下去。

隔天一早，長毛狗去超市採買食材，早餐是蘑菇歐姆蛋土司配⋯⋯大麻菸。中午野狼說要下廚，又去買了香料和整隻雞，午餐是坦都里烤雞配剩下的啤酒，還有⋯⋯大麻菸。不知不覺，兩包大麻已經抽完一包，另一包還大喇喇地躺在客廳桌上。

到了晚上，期待已久的海灘派對就要開始，那是一行人遠道的目的。不過有個問題必須解決：少一輛機車。長毛狗提議，趁野狼沖澡的時候，剩下三人一起去租車；驢子剛捲完菸正要來一管，他不甘願地收在口袋。

三個人步出社區，才正要發動車子，長毛狗卻突然接到一通電話，站到一旁講了起來。等待的空檔中，驢子已按捺不住癮頭把剛捲好的大麻菸點著，他一口，老張一口，菸再次回到驢子手上的時

候，忽然有輛機車經過，車上下來的兩個人猛然抓住驢子的手，屬聲問說：「你在抽什麼？」驢子嚇傻了，趕緊把大麻拋掉，發抖地回答：「只是香菸。」對方當然不信，他聞了驢子的手，下一秒，用力賞了驢子一巴掌。這回老張也嚇傻了，他雖然手足無措，心裡卻有種「該來的總是要來」的感覺，好像這一刻醞釀已久。

然後自稱是警察的便衣男子進到了屋內。

然後火車駛進了果亞邦。

——

然後自稱是警察的便衣男子進到了屋內。

一切來得措手不及，雖然事情發生在自己身上，卻像借用別人的眼睛偷窺，彷彿觀賞一部手持 DV 拍攝的低成本電影，影像搖來晃去。起先是野狼一臉困惑地出現在畫面中，頭髮梳好了，香水也噴了，他馬上意識到發生了什麼事，臉色驟變。「趕快跪下！跪下！跪下！」不確定是誰這樣喊著，等鏡頭帶到所有人時，他們已全數跪在兩位自稱是警察的男子面前。從那個角度往上瞧，可清楚看見兩男悲哀的肚腩。驢子在哭，長毛狗在哭，但老張哭不出來。

警察打人！他們先沒收了青年們的手機和證件，然後一邊訊問一邊揍人、踹人，一切來真的。然而不知為何，可能怕打了外國人會惹來不必要的麻煩吧，只有老張逃過一劫。老張雖然僥倖逃過毆打，但警察卻要求他做更過分的事，命令他手持剩下的那包大

麻與護照合影，只有老張被強迫那樣做，用意很明顯，辦案講求「人贓俱獲」。這時老張不知哪裡湧出的勇氣，他趁警察一個不留神，把護照奪回來，緊緊抱在懷裡。相片沒拍成，警察氣得牙癢癢，又硬把護照搶回去。

打從事發，老張就覺得事有蹊蹺，他無法壓抑心中那股「該來的總是要來」的預感。他的頭腦一下子混亂，一下子清醒，當所有人跪著哭喊：「Please、please」的時候，他竟然還有閒工夫偷觀察其他人的反應。

疑心一旦在心中滋長，便很難不往那個方向去，老張幾乎要相信整個邀請是場大費周章的騙局。警察是串通好的，不，搞不好兩位便衣男子根本不是警察，他們連證件都沒出示，仔細回想，「他們是警察」的這件事是從驢子口中說出才間接成立的。老張一直想找機會與驢子交換眼神，可是驢子始終低著頭。好不容易機會來了，他望著驢子哭紅的眼，低聲質問他說：「告訴我，你們是不是在騙我？」驢子露出難以置信的表情，慎重駁斥，說他聽不懂老張在胡說什麼。可是，有那麼一瞬間，老張好像在驢子眼中看到了「背叛」。是錯覺嗎？驢子似乎不敢再直視老張的眼睛。

進退維谷，青年們只能想盡辦法拖延，但警察只給他們五分鐘商量。老張被長毛狗和驢子帶進寢室閉門討論對策，野狼則負責在客廳與警察交涉。情況越發不對勁，如果野狼跟警察站在同一邊，他們會不會已經在門外笑得合不攏嘴了呢？而寢室內，依老套的劇本走下去，應該差不多要扯到錢的事了。

果然，長毛狗在一次長長的嘆氣後說：「給錢吧，不給錢就只能吃牢飯。」語畢，長毛狗和驢子旋即將皮夾裡的錢啊、提款卡啊、

信用卡啊通通撒在床上，好像在賭桌上豪氣梭哈。老張逼不得已照做，掏出皮夾裡兩千多盧比的現金，和一張裡面幾乎沒有餘額的提款卡。他沒有讓預藏在腰部的東西露白，在沒弄清真相、沒走投無路之前，那些東西不得露白。

五分鐘後，警察和野狼進到寢室，長毛狗誠惶誠恐地將湊一湊不到一萬盧比的現金錢交給警察，沒想到對方非常戲劇化地把錢甩在他臉上，白花花的鈔票四處亂飛。你們把我當什麼了？！警察說。老張實在不懂他的言下之意究竟是「啥？憑這點錢也想收買我？」或者「呸！老子可是清官！少污辱人！」但他很快就明白是前面的意思。

一群人嚇傻了，趕緊又向警察下跪。再五分鐘，再五分鐘，我們一定給你滿意的答案，野狼拜託他們。警察好像特別信任野狼，真的又給了五分鐘。

一人一萬，野狼轉述和警察交涉的結果。是一萬美金，不是一萬盧比。如此鉅額，就算他們四人把口袋掏空、把卡都刷爆，可能還湊不足一半。長毛狗和驢子唯能哀求野狼想想辦法。打電話給你父親吧，兩人懇求。可是如此一來等於把整件事攤在檯面，必定有損野狼父親的地方聲望。沈默……還是沈默……野狼獨自步出寢室，走向客廳，留下更多沈默。

後來，野狼不知跟警察交換了什麼條件，讓警察在最後一次進來時丟下極不自然的訊息。警察對四位青年說：「聽好，你們都是好人，這次原諒你們，不准再有下次。」青年們聞言，一個接一個發誓從今而後不再碰大麻；警察還要老張隔天一早就滾出他的地盤，滾越遠越好。老張一頭霧水，以為警察大發慈悲網開一面，

後來他才知道，是野狼一肩扛下責任，野狼決定打電話給爸爸。

警察離開後，野狼在陽台講了好長的電話，他找藉口向父親暫借一大筆錢，說是生意上需要周轉。隔天一早警察將上門收款，在那之前，剩下三人都必須消失得無影無蹤。長毛狗和驢子不知道該如何感謝野狼，他們保證一定會努力工作還錢，什麼夢想啊、將來啊，通通都不要了。只有老張自私得不得了，絲毫為友誼犧牲的意願都沒有，坦白說，也不是完全沒有，只是他的思緒好混亂、好矛盾，不知道該相信誰。有一部分的他很想一同解決問題，但有一部分的他認為，把錢交出來就等於徹徹底底地中計。

自私的老張自然逃不過友誼的審判。驢子把矛頭指向老張，質問他為何要懷疑他們，他鄭重強調他們決不是那種人，難道這一路的真心對待換來的是不信任？老張深深記得驢子的控訴，甚至連他聲音的紋理都記得一清二楚，那時候驢子說：「我們的人生都毀了，你卻只關心你的旅行。」老張無力辯解，他一方面責備自己卑鄙，一方面又警醒自己有必要堅持卑鄙，畢竟一切太戲劇化、太多巧合，並且疑點重重：沒有生活感的房子、來不及參加且搞不好不存在的派對、三貼去租車在路邊被逮、未出示證件的便衣警察……他越想越毛骨悚然，越想越後悔自己來到這裡。老張懊惱地狂敲自己的頭發洩，覺得自己敲頭的行為好像在演給誰看。

俗話說「千金難買早知道」，但那已不是單純的金錢問題，而是複雜的人性考驗。整個夜晚都崩塌了，乃至剛建立的友誼也跟著崩塌，更嚴格來說，早在老張投下不信任票就已經崩塌。好長、好安靜的夜，雖然沒有人放音樂，但老張的腦袋竟唱起昨晚的那首歌：「We don't need no（no more）trouble——We don't need no（no more）trouble——」巴布馬利那樣唱著，如先知

般唱著。

驢子和長毛狗在沙發上不安穩地睡著，野狼在寢室翻來覆去，每個人都等在天亮又害怕天亮。清晨，老張第一個醒來，他多希望一覺醒來只是場夢，或者有個主持人衝出來宣布這是史上最瞎的整人秀，然而揮不去的低氣壓還籠罩整個房子，很難視而不見。

老張開始收拾行李，他並非打算逃跑，若是要逃跑的話，他怎會搖醒睡夢中的三人一一告別。如今回想起來，那告別不知算不算粗糙，老張輪流擁抱他們，好像還流了幾滴廉價的眼淚，那眼淚也不知是喜是悲；他答應把這段時間所拍的照片全數刪除，以免節外生枝。照片雖然刪掉了，記憶卻很難抹滅。

故事的最後，長毛狗、驢子和野狼，三個人站在路口目送老張離去，那個路口就是他們昨夜被逮的現場，一切的一切從這開始，亦從這結束。已走遠一段距離的老張以為回過頭就再也看不見他們的身影，但他們還一直站在原地，揮手目送。

故事讀到這，我的心跟著沈落。我已入戲太深，感覺老張就是我，我就是老張。

「你為什麼要告訴我這件事？難道是認為我遇上相同的麻煩？」

老張已讀許久，終於回訊。「我把事情告訴你，是因為終於找到機會說出來，唯有把事情說出來，它才會真正落幕。」

「所以，你最後相信他們了嗎？」我字字斟酌地問。

但老張只留下了四個字⋯⋯

「我不知道。」

B段——德干高原

B—a 海邊的加德滿都

向南、向南，唯一的任務只有向南，離開果亞。

毫無把握能騎多遠，只能拼命踩、竭盡本能地踩。我像是著魔般一直騎一直騎，直到進入卡納塔克邦（Karnataka），來到一個叫卡爾瓦（Karwar）的小鎮才停下腳步。我回首凝望，不確定是否甩掉了詛咒，卻感覺到有什麼東西遺落在身後。

卡爾瓦是個毫無觀光痕跡的濱海小鎮，只有幾條了無生氣的街和一片乏人問津的沙灘。住宿環境也很陽春，床單一定沒有換洗，殘留著前人掉落的餅乾屑。櫃檯小哥耳根子很硬，三番兩次為了確認我的身分前來敲門，我怎麼解釋自己是台灣人，他都還是直呼我 China、China。但小哥惱人歸惱人，至少提供了不錯的旅遊情報，若不是他，我大概會錯過低調隱蔽的戈卡納（Gokarna）。

從卡爾瓦到戈卡納只有短短六十公里，隔天稍晚出發，比平常稍早抵達。戈卡納給人的第一印象，令我聯想到尼泊爾的加德滿都（Kathmandu），無論是斑駁的紅瓦屋、曲折的巷弄，或以神廟為中心擴展的連綿商家，都有一種塔梅爾區（Thamel）的既視感，只是那裡沒有椰子樹和沙灘，而這裡沒有喜馬拉雅山和靄靄白雪。

「步行到海邊去」，是住在戈卡納唯一必須執行的任務。戈卡納所處的半島上鑲有五、六片海灘，海灘與海灘由岬角分隔，從這

片海到另一片海只需費點簡單的腳程。商家說現在是旺淡季轉換的過渡期，旅客很少，每個人都有機會獨佔天地一隅。這裡沒有震耳欲聾的電音舞曲，沒有浮誇的酒吧，形式感太強的東西會褻瀆這片遺世獨立的海域。我想，戈卡納說不定很適合逃亡的人，換個身分，隱姓埋名。

賣項鍊的小孩

或許是可浪費的時間太多，偶爾會想跟主動靠近的小販閒聊幾句，對方大概以為我容易親近，索性一路從沙灘跟進餐廳。小男生才十一歲，英文很溜，長得聰明伶俐；小女生十三歲，雙眼嚴重斜視，看人的時候眼珠子向外分開，好像同性相斥的磁石。兩位疑似都有發育遲緩的狀況，體型小於該年紀應有的樣態，靈魂卻明顯大於那個年紀。

「買條項鍊嘛！很便宜。你看我今天都還沒吃飯，賣不出去就沒飯吃。」兩人大概是受僱於某商家，臂膀上掛著一堆估計很難賣的礦石項鍊，沿沙灘兜售，微薄的薪資全賴業績。

男孩女孩盯著我寫日記，問是什麼語言。既然沒買東西，乾脆寫字送給他們。男孩「傑克」和女孩「瑪麗亞」，我用繁體中文寫下。小男孩借了筆依樣畫葫蘆，他對中文的書寫邏輯理解很快，模仿得很好，看握筆的樣子感覺像上過學。相反地，小女孩握筆的手勢生疏，字沒寫好，不曉得是不是斜視的緣故，「王」和「馬」間隔很遠，就像她的眼珠。

之後出現了第三位小販，三人成虎，生意做不成反倒索討起食物，最後加入的那個煞有其事地說：「你買東西給我們吃，神就會保

佑你，不買就不保佑。」當然不能夠輕易買單，旅客的廉價同情會破壞觀光平衡，正如防曬乳破壞海洋生態。

年輕的湯瑪士

從海灘回旅館的路上遇到一位名叫湯瑪士的捷克男孩，二十五歲，與我差不多時間抵達印度，也一樣預計停留三個月。他來印度的目的是學瑜伽；在印度總能遇見這類目標明確的旅行者，彷彿這裡才是他們的心靈故鄉。

湯瑪士有著雀斑臉、白皙肌膚、纖瘦的身體，以及出人意表的外向個性。我與他一起去到附近的湧泉池；見印度人們在池裡愉快地沐浴，湯瑪士毫不猶豫地脫掉上衣，跳下去與他們同歡。有他打前鋒，觀望許久的我才敢厚臉皮跟進。

原來敞開心胸沒那麼難！我只是需要一個範本、一面鏡子、一個同伴的帶領。湯瑪士的青春或多或少感染了忽然迷惘的我，每當遇到這種活力充沛的背包客，不免感嘆要是年輕個五六歲就好了。不過仔細想想，三十歲的背包客也該有三十歲的模樣，橫衝直撞就留給剛出來見世面的初生之犢。老派旅行者有老派旅行之必要。

法國男子的黃金傳說

法國男子山姆打算進行他的「黃金傳說」，他僅擁有一只小背包的行李、一顆睡袋、一頂單人帳，以及剛買來的釣竿。山姆打算在岬角上紮營，探過路，也在那兒睡過一晚，只是這回連飲食都得靠自己，釣竿就是維生工具。

山姆是位徒步旅行者，不久前才花了十八天，從尼泊爾的加德滿都走到印度的瓦拉納西（Varanasi）。這回從果亞走到戈卡納，預計在海邊住一個月。這樣子不累不無聊嗎？我問。就是無聊才走路啊，走路就不無聊，他說。

我想，我能夠理解他的意思；有時騎車並不無聊，到達目的地反而顯得空虛。「移動」是單車旅行最重要的工作，下班沒人陪才真正孤獨。

山姆在沙灘上抽完大麻後開始收拾背包，他問我：「你也來嗎？」我說：「不了，我留在這就好。」他轉身離去，身影越來越小，最終消失於岬角的某處。願他平安！

兩隻印度狗

眼看時間還早，決定繞遠路回旅館。山林裡，太陽下，除了偶爾出入海灘的電動三輪車，還有兩隻狗與我作伴。兩隻狗一下在前，一下在後，我停下來找路，牠們也停下來；給他們水喝，舔一舔又繼續走。難道印度的狗不劃地盤？難道牠們沒有自己的勢力範圍？已經走五公里了耶。因此，即便我發現捷徑，也不好意思抄小路，深怕牠們回頭找不到人，錯怪我不告而別。「不是說好要一起散步嗎？」彷彿有類似的心靈交流。

話說印度人好像很討厭狗，經常對牠們扔石頭。可是就算被印度人扔石頭，也願意繼續親近人嗎？那麼就算被印度人欺騙過，也願意繼續相信人嗎？

「我不知道。」

B-b 甘納許的家

住在戈卡納的三天刻意保持緩慢的步調，無所事事的時候很適合處理瑣事，寫了幾張明信片，在雜貨店完成流量加值，透過旅行社訂了張火車票，又換了五十美金的印度盧比……然而，我心裡始終有個發條太緊的鐘，無論嘗試過多少次，就是無法將它轉鬆，即便海浪、椰子樹、沙灘……聯手營造悠閒的烏托邦，指針還是滴答滴答停不下來，時時提醒著「不快點前進不行！」

清晨五點睜開雙眼，躺在床上翻來覆去，猶豫著要退房或延住，打開手機，已收到沙發衝浪的確認信息，今天不出發，恐怕後天到不了沙發主人的家。於是我一連兩日趕路，沿著濱海公路騎乘，在臨海的印度教聖地匆匆過了一夜，隔日再度策馬南下，一共移動了超過兩百公里，才抵達大城市烏杜皮（Udupi）。

沙發主人的家遠在市中心外，僅僅十五公里之差已從城市退入鄉村，椰林覆蓋了透天厝，出入全賴一條羊腸小徑。循著主人給的衛星截圖，牽著單車踏進他們家腹地，一名女子見到我，轉頭對屋內大喊：「甘納許，甘納許。」其後或許是說：「你的客人來了。」

——

甘納許的檔案上洋洋灑灑的入住聲明肯定會讓人以為他有精神潔癖，但實際接觸會發現他是個和藹可親的小爸爸。若要用動物形容，大概是一頭好脾氣的象，而甘納許（Ganesh）正好也是印度

教「象頭神」的名字。

抵達的傍晚，甘納許帶我去參觀他家的農地，我們穿過一畦畦稻田，登上火山熔岩沈積的岩坡，挑了塊石頭坐下寒暄。那裡除了我倆的交談，還有微風吹拂椰林的沙沙聲，以及叢林中不時傳來的孔雀啼叫。他們家三代同堂在這般恬靜的環境中過著務農生活，其餘成員還有甘納許的父母、妻子，以及剛上小學的幼子。

自從兩年前，甘納許到斯里蘭卡旅行時體驗了沙發衝浪，回國便開始接待沙發客，他很快發現沙發衝浪是讓農村的孩子與外界接觸的絕佳管道，就像主動打開蓄水池的閥門，引水灌溉農田。他古靈精怪的幼子名叫希達，身體內建了該年齡孩童必備的旺盛活力。早料到這點的我，在抵達之前已睡了個預防性午覺，將車子鎖在公車站的欄杆，趴睡在宛如孤島的月台。

我和希達在晚餐前玩著各種遊戲，他喜歡被牽著雙手快速旋轉，如同兒童樂園的旋轉飛椅，而我正是那暈眩的軸心。相較之下，我是說相較之下，我更喜歡玩捉迷藏，如此就能趁希達當鬼時稍稍喘息。有時我會踮起腳尖穿過廚房（甘納許太太正在準備晚餐），貓步躍上台階，坐在空蕩的天台角落等待希達上來。有時我會從廚房奔進牛舍，藏身牧草堆中，和傻裡傻氣的牛隻乾瞪眼。一下子就抓到人的希達興奮地為我介紹新朋友：「牠們是沙米、阿米、阿布和索諾。」接著抽出一把牧草送進牛的嘴裡。

寄人籬下，一時得調適的習慣很多，尤其是這家人的飲食與作息。如果說印度菜是各種香料堆疊的味覺魔術，那甘納許家的餐食就是反其道而行的料理減法。他們吃湯泡飯、香蕉樹的莖、檸檬醃漬的薑、摻了葉子汁的薄餅……等一些很有「仙氣」的食物。食

材取自農地，以最簡單的作法烹調。已經被香料慣壞的我，起初還以為自己的舌頭壞了，怎麼甘納許讚不絕口的家常菜如此索然無味？

其次是生活作息。晚上八點半，規定的熄燈時間，燈光一滅，連窗外的蟲子都安靜得不敢作聲。我不習慣那麼早睡，只好躺在客廳沙發上邊讀小說邊等倦意降臨，直到指針跨過十二時才真正闔眼。睡夢中，有個叮叮噹噹的鈴聲鑽進耳朵，將我的意識層層喚醒，小房間流洩的燈光照不偏不倚地照在我惺忪的睡眼，看錶才凌晨四點，甘納許父母竟然已開始他們鑼鼓喧天的晨間祝禱。漫長的儀式延續到黎明，呢喃的誦經好像緊箍咒般使我無法再次入眠；太陽出來後，其他成員一一醒來，宣告充電時間結束，放電開始，又是新的一天。

再這樣下去不是辦法啊！才第二天清早我就想逃，可是已經請求了三天住宿，為了台灣人的招牌說什麼也得撐下去……

晨曦徐徐的早上，如果能優雅地喝杯早茶，愜意地享受晨光，該有多麼美好。可惜距離校車來接希達上學還有兩小時，那兩小時已足夠耗盡我未充飽的電力。

希達是個聰明的孩子，腦袋瓜裝滿想像力，他把藏在桌底下的彩色筆、積木、飛機、汽車、卡車……等玩具通通挖出來，用彩色筆排出道路標線，積木疊成塔台，緊接著一輛玩具卡車出來開道，上頭載著另一輛警車，警車清完場後，才輪到飛機登場——原來是模擬飛機起降的遊戲啊。希達先示範一次，要我照做——

叭——叭——卸下卡車上的警車。
嗚——嗚——警車清空跑道。
咻——咻——飛機衝刺起飛。
啊——啊——呼叫塔台：「請問我到底在幹嘛……」

早飯過後，希達換上卡其色校服，繫上金屬釦環皮帶，配上擦亮的黑皮鞋，像極了整裝待發的幼童軍。看著校車把人接走，著實鬆了口氣，整個人癱在陽台的座椅呆視著晨霧未散的農地。這時甘納許媽媽從田裡走來，手裡捧著剛掐下的扶桑花和茉莉，她把花置於門檻上，每天放幾朵，獻給肉眼看不見的神靈。我忽然想起清晨那場擾人清夢的祝禱，由衷覺得世界上沒有比甘納許父母更虔誠的印度教徒。

早起使上午變得好長；我汲了井水洗完衣服，又整完行李，一時不知如何消磨多出的時間，便客套地詢問甘納許是否有需要幫忙之處，沒想到他隨手變出一把鋤刀，在雜草叢中邊示範割草邊說：「這塊地就麻煩你了。」唉，早知道別多事……割了足足一個鐘頭，腰痠背疼，汗濕衣服又得再洗一遍。

午餐後，甘納許帶我上街逛逛，搭了許久的車，在車上一路閒聊。我問甘納許的興趣是什麼，他說只要與文化相關或旅行範疇的事都喜歡。他曾獨自到泰國旅行，對飲食有潔癖的他全程只靠麵包和水果度日。

「那麼你太太呢？」我問。

「她和我相反，因為討厭走路所以討厭旅行，喜歡做菜和買衣服。」

「爸爸媽媽呢？」

「沒事種種田就知足啦。」

「希達呢？」

「當然是玩耍啊。」

我在心中自我評量：文化交流（打勾）、分擔農務（打勾）、陪希達玩（打勾），只剩下甘納許太太尚未收服。交談中得知甘納許太太的生日就要到了，於是我想，不如把省下的住宿費換成禮物，便和甘納許約了祕密行動。

說也奇怪，當天晚餐我開始習慣他們家的食物，湯泡飯變得清甜，咖哩汁變得順口。吃飽喝足後，全家一起早早就寢，倦意也很配合地提前降臨。我好像作了個關於甘納許家的夢，可惜醒來只留下作過夢的印象。

又一次晨間祝禱聲，又一次太陽升起，希達睜開眼的第一件事情就是找我。我們一起刷牙，一起玩了我傳授的猜拳遊戲（左一拳，右一拳，大家一起縮一拳），希達開心地說要到學校教其他同學。說也奇怪，平時對小孩沒輒的我竟然開始喜歡這個孩子，於是我問希達：「你喜歡我嗎？」希達說：「當然喜歡啊。」「比上次那個吹樂器的英國人還喜歡嗎？」「對啊。」

那天，也就是在甘納許家的最後一天，唯一的任務只剩下挑選禮物。甘納許帶我去市區的複合商場，一年一度的排燈節（Diwali）就要來了，服飾專櫃紛紛祭出折扣吸客。我參考甘納許的建議買了一條黑色內搭褲和一件碎花連身洋裝。

依舊相同的餐桌料理，相同的早歇作息，農村生活即是精簡的日復一日。我在想，如果少了我們這些候鳥過境般的訪客，他們的生活還能簡化到什麼地步？

晚餐後我把禮物送給甘納許太太，她很喜歡，那是肯定的，畢竟軍師是她結縭多年的枕邊人。我被邀請進他們的臥房，希達正坐在電腦前用小畫家軟體作畫，他每天睡前都要揮灑豐富的想像力，畫作天馬行空的命題永遠令人跌破眼鏡。那些畫一定就是希達眼底的世界，那樣的世界我長大後便很少見過。

臨別的早晨——或許是照慣例的做法——甘納許取出相機腳架立在前院，一家人特別梳理一番，排站在我的紅色登山車周圍，希達則坐在還要好幾年才能搆得到地面的座墊上。

喀嚓！拍完照就沒理由不說再見。

我以為將會面臨感傷的別離，但別忘了，我們都是擅長告別的人。甘納許家只是我旅程中千百首插曲中的一首，而我只是他們眾多沙發客中的一員，來來去去，彼此是彼此的過客。我的「來去鄉下住三晚」已打上片尾字幕，就像那些為了做節目被丟到鄉下的日本藝人，揮手告別後，轉過身即是不可逃避的現實。

（後記）甘納許在沙發衝浪網站上留給我的評價——

瑞夫是第一個從台灣來的沙發客，我一直在等待一位從那個方向過來的旅行者，藉機瞭解那裡的人、文化，以及生活方式。

瑞夫騎著單車來到我們家，這是他第一次單車旅行。他抵達時釋出了親切問候，就像我們已經認識很久一樣。我的兒子希達早迫不及待要與他見面，瑞夫教會他一些新遊戲，而在他離開以後，希達已經忍不住要與我分享。我的父母非常訝異他竟然能與希達進行無止境的玩耍與對話，畢竟年方五歲的希達正值好動的年紀，對許多沙發客來說是個頭痛角色。

瑞夫透過口述和照片，與我分享了他廣泛的旅行經驗、文字工作細節，以及家庭生活，我和希達甚至從他身上學了一些簡單的中文。此外，他還協助我父母在長滿刺藤的有機農田裡除草。瑞夫無疑是個有禮貌、富同理心、且沈靜的聆聽者，隨和又樂於分享，他住在這裡的三天，遵守並尊重我們的生活規則，我們共同度過了一段很美好的時光。在此強力推薦給未來即將接待他的沙發主人。

——甘納許

74

旅行的病根

介紹一下我忠誠的旅伴：美利達 Matts 60 Ⅴ登山車（十八吋）。這位成員來到我們家是七年前的事，那時候電影《練習曲》引發的單車熱潮方興未艾，我和老爸在那股潮流下，花了一萬五牽了一輛登山車（不知哪根筋不對選了高調的紅色），說是為了保持運動習慣，為了老爸肚腩的脂肪，我們輪流使用，有空就帶他出門。

可是就像那股風潮一樣，頭燒燒尾冷冷的大有人在，忘了從何時開始，單車被冷落的時間越來越多，臨時要用才發現椅墊長滿灰塵、輪胎沒氣。因此就算疏於保養，少騎的單車依舊如新，好像在等待誰「再發現」似的。沒想到七年後，他成了我第一次單車旅行的旅伴。

前避震、鼓煞、二十七段變速，防刺胎的輪徑 26×1.75 公釐，看不懂數據不打緊，最根本的關鍵還是騎士的能耐。車行的老闆告訴我：「三分車，七分人。」我將他的忠告銘記在心。在離開烏杜皮後，參考了甘納許的建議改走山線，才在山林裡體悟到老闆所說的道理。

從烏杜皮往東切進德干高原，得先越過傳說中的西高止山系，這裡不妨把德干高原想像成印度半島中心的巨大堡壘，而西高止山是鞏固西疆的護城牆。阻在前方的是肉眼就能判辨落差的高峰，山路由無數髮夾彎構成，短短七公里內拔升將近一千公尺。我不

知道甘納許為何建議我走如此困難的路，或許是他高估了我的能力，又或許是山的另一邊有什麼東西正在等我。

山終究是山，與平地是完全不同的概念，騎士必須對抗的並非距離，而是地心引力，對抗地心引力除了很耗體力，更費時間。我天真地以為只要翻過這座山，前方便海闊天空，萬萬沒想到迎接我的卻是峰峰相連到天邊。三十公里過去，翻越過第二座山，四十公里過去，翻閱過第三座山，六十公里過去，算了……我已數不清越過多少高高低低的山頭……

路好像捉弄人似地持續向上，消磨我所剩無幾的體力與耐性，我開始對自己精神喊話，但沒有發揮實質功效，反倒越喊越心慌。再過兩個小時就要日落，趕在天黑前找到住宿的壓力令人焦躁不已，我急壞了，像白痴一樣轉向山林求救，對著山裡什麼看不見的東西求饒，使勁地喊著：「拜託祢，拜託祢，請給我下坡，請給我順風，請給我路的盡頭。」

可是道路沒有耳朵，山林不懂得釋放寬容，神蹟多半來自人類的奇想。「三分車，七分人。」此時我終於體悟到箇中道理。事實證明我沒有做足訓練就衝動上路，沒有打聽好路況就冒然啟程。即便有再好的旅伴，自己不爭氣又有何用，講白了我就是豬隊友。

從天光的山林騎進天暗的村莊，得到的竟是「十六公里外可能有旅館」的壞消息，簡直成了壓垮駱駝的最後一根稻草。我真的騎不動了，無法再騎到十六公里外去賭一個不明確的答案；坐在村莊的小咖啡店裡，一旁的小老闆反倒比我更著急，他忙著撥電話打聽住宿，而我卻一副豁出去的樣子默默地品嘗咖啡。反正大概沒地方住，開始動歪腦筋，把主意打到村裡的加油站上，雖然沒

有睡袋、帳篷，但把衣服全數套上應能勉強應付寒夜。露宿加油站的提議被小老闆強烈否決，既然這樣，乾脆指著咖啡店的地板說：「請讓我睡在這。」

那是一間兼售在地農產的咖啡小店，坪數不大，裡頭功能性地擺放幾張餐桌椅。面對我冒昧的請求，小老闆滿腹為難，一臉傷腦筋的模樣。

──收留我？或者任我睡加油站？

──收留我？或者看我餐風露宿？

公布結果：厚臉皮勝利！

我終究被小老闆收留了，不過不是睡在咖啡店的地上，而是睡在他的家。原來他們家就在店鋪背面，一牆之隔。入口玄關處有架閒置的行軍床，挪開雜物便可睡人。

突然有客來訪，小老闆的父親趕緊招呼我進門，他們一家人剛吃過晚飯，正坐在客廳裡聊天看板球賽。小老闆告訴我，他原本在山下的大學念經濟，畢業後承接父親經營的咖啡店，轉眼歸鄉已經兩年。小老闆的雙親平時以養牛和出租套房為維持家計，房客是相中當地咖啡前景而移居至此的外地青年。客廳另一頭、戴著老花眼鏡的奶奶是個標準的板球迷，始終緊盯著電視裡的賽況。我們聊到護照、簽證、兩國總統選舉與任期等話題，又隨著奶奶突然迸出的歡呼，將轉移焦點到電視機上。

山頂人和農村人一樣習慣早睡，眾人在板球賽結束後各自回房。

入夜後氣溫驟降，稀薄的空氣藏不住滿天星斗；小小的玄關很快被我的體溫烘暖，熱氣在玻璃上凝成露，遮蔽了窗外的星光。汗濕的身體沒洗，單車褲還穿在身上，整夜翻來覆去沒睡好，檢討自己究竟何時養成「成為麻煩」的壞習慣？旅行的人是不是都曾動過濫用他人善意的念頭？假如我的僥倖來自幸運額度的交換，那所剩的額度哪裡可查？還夠我濫用多久？

旅行至此，若要先進行一次小結報告，肯定要令誰失望了。來印度不足一個月，一路起起伏伏，欠盡人情，但若要認真計較得失，我得慚愧地坦承「對印度好感度下滑」的事實。我發現抱怨的頻率增加了，抱怨溫度、空汙、飲食、衛生、便利性、人⋯⋯以及人所衍生的各種行為，可謂全壘打等級的水土不服。為了穩定朝目標移動，勢必得承擔體能與時間的壓力，來不及代謝的牢騷與疲憊從身體蔓延到心裡，慢慢生成病根。

勵志書教導我們追尋旅行的意義，達人金句灌輸正向思考，卻鮮少有人戳破旅行的夢幻泡泡，將灰暗地帶赤裸呈現。旅行代表美好，出國就是爽，然而我們經常羨慕的，說不定只是篩選過的美好，誰敢保證每張微笑的照片都是誠實的歡欣？他們看不見汗水背後的苦勞，也看不見孤獨背後的辛酸。

所以，「印度單車旅行」之於我究竟代表什麼？說穿了或許只是自討苦吃。不過短短幾週，心頭已萌生對旅行的倦怠，很矛盾，就像千方百計加簽到一門難選的課，上了幾堂發現無法勝任卻來不及退選。我無法像運動員享受體力透支的酥麻，也無法像熱血背包客橫衝直撞，而是卡在不上不下的位置，非常尷尬。

我不停鑽牛角尖，想得太多，真的太多⋯⋯院裡的狗在黑暗中狂

肆呼號,彷彿在與我的心聲辯論。「噓!」我聽見誰出聲制止牠們,也順勢制止了我的思緒。夜驟然靜下,燒燙的腦袋終於休眠。

——

清晨六點醒來,厚重的霧籠罩山谷,我點了最後一杯咖啡,喝暖身子才上路。我真心喜歡那杯咖啡,就像啜飲了山谷最清香的土壤。我由衷感謝陌生家庭的收留,卻無以回報。

點亮前燈、尾燈,登山車順著山勢過彎,晨霧隨日照漸漸消散,茶園與咖啡園撥雲見光。這天依舊是漫長且無奈的登山路程,但就在絕望之際,意志力快要悶聲斷掉之前,終於迎來鼓舞人心的下坡。一直一直、持續不斷的下坡猶如山林遲來的回應,恰似苦盡甘來的哲理,我被那股力量推啊推地,推向印度的次大陸中心。

單車日誌 No.1030

二〇一六年十月三十日　印度單車行　第二十六天

從貝魯爾（Belur）到希拉瓦納貝拉戈拉（Shravanabelagola）

單日里程：九十一公里

行前準備：照慣例，行前夜必須採賣路上的糧食。兩公升裝的礦泉水每瓶三十盧比，分裝到兩只運動水壺剛剛好。乾糧通常是麵包和餅乾，水果則選擇好攜帶、易處理的香蕉或橘子。這天水果店老闆甩賣一大串過熟的香蕉，細算有十三根，預告要吃一整天的香蕉。

06：30

・起床。

・刷牙洗臉、著裝（排汗衣、單車褲、手套、袖套、魔術頭巾、鞋、襪、安全帽）、擦防曬。

・收拾行李，確認手機電力滿格。

07：30

・退房。

・用離線地圖確認方向與路線，啟程。

07：45

在清真餐館吃了牛肉抓餅當早餐，外帶兩張餅皮（沾醬免了，天熱易壞）。

08：15

・比平時稍晚上路，但預定路程較短，不擔心進度落後。

・與自我約定前三十公里不落地，拒絕任何茶攤和雜貨店的誘

惑。騎過三十公里才能第一次休息。

09：45

在茶攤休息十五分鐘，點一杯奶茶配自備的餅乾，抽一根讓腦袋
清醒的菸。

10：00

再次上路，設定騎超過一小時或距離大於二十公里，滿足任一條
件即可休息。方向正確，風向正確，難得遇到順風加下坡，心情
還算愉快。

11：15

第二次休息，吃了幾根爛香蕉。香蕉因天熱熟很快，我不是被時
間追趕，而是被香蕉追殺。

11：30

· 再次上路，設定一小時或二十公里後午餐放飯。每當想到吃飯
就有前進的動力。

· 路況偶有起伏，風景始終單調。經過一個又一個小鎮，但食物
充足不需補貨，過門而不入。

13：00

午餐。用路邊的石墩當餐桌，與樹蔭、微風，還有汽車的廢氣為
伍。把外帶的餅皮和熟透的香蕉捲一起吃，若手邊有盒火柴，希
望一劃就能出現能多益巧克力醬。剩下五根香蕉都爛得差不多
了，結果一連吃了七根，草叢裡好多香蕉皮。

13：30

進度意外順利，莫非是連休兩日的功效？或者實力在不知不覺中
增強了？距離目標只剩十五公里，可一鼓作氣解決。

14：30

抵達希拉瓦納貝拉戈拉。入住鎮上唯一的旅店，雙人床單人價
三百盧比，價格很合理，就算不合理也別無選擇。

15：30

・ 沖澡，順便用洗澡水洗衣服。把衣服晾乾。

・ 忙碌的一天終於稍稍閒下。賴在床上翻滾、滑手機、傳 LINE
報平安。

・ 躺著躺著不小心睡著了……

16：30

趕在日落前登上山頂的耆那教（Jainism）寺廟參觀。走馬看花逛
完龐大的神廟群，坐在石坡上欣賞夕陽，一邊傳來尖銳的印度教
樂音，一邊是低沈的回教喚拜。

18：30

黑夜降臨。眾所期待的「排燈節」來了，旅館在窗上掛了幾盞燈
籠，窗緣擺了幾顆蠟燭。晚餐沒什麼食慾，吃了路邊攤的炸點心
草草解決。

20：00

・ 到雜貨店補充隔天的糧食。買水果時試著對老闆說「Happy
Diwali」，似乎得到比較大的蘋果。

・ 提醒旅館櫃檯隔天一早要退房的事。

21：00

・ 手機充電、相機充電，大致整好行李，簡單確認明日的路線。

・ 睡前讀書，吉田修一的《怒》來到三段故事都陷入信任崩盤的
精彩高潮。轉眼間竟然讀到了十二點，不快點睡明天會沒力。

・ 晚安。

「HAPPY DIWALI！」

B_e 軟爛的時光

時光荏苒，眾所期待的排燈節連假終於來了。

排燈節來臨之際，我抵達邁索爾（Mysore）。有別於先前那些虛張聲勢的小城市，邁索爾是貨真價實的大都會，康莊大道以圓環連結，街巷車水馬龍。城市越大，找住宿就越傷腦筋，豪華高檔的旅店拒人在外，破敗失修的賓館難以恭維。只好退一步到市郊的戈庫蘭（Gokulam），找尋南印稀有的青年旅館。

我敢保證，剛到戈庫蘭旅客必定會發出「這裡好不印度」的驚嘆，誤以為跑錯棚。戈庫蘭是邁索爾市郊的高級住宅區，社區裡豪宅林立，定期修剪的植物在庭園爭奇鬥豔，進口車都有專屬的車庫遮風避雨。戈庫蘭也是著名的「八肢瑜伽」勝地，據說新一季將要開課，來自世界各地的瑜伽士搬進豪宅民宿，準備過著以「月」為單位的自律生活；標榜有機飲食的餐館和嬉皮風格的咖啡吧應運而生。

我在青旅認識了幾位新朋友，其中一位是自珠海的女孩葉子，住隔壁宿舍房的她聽說有台灣旅客入住便興沖沖跑來串門。猶記得登記入住時，工作人員還擔心我和中國人水火不容所以特別告知，殊不知我非常樂意被熟悉的語言圍繞，就算水火不容也無妨，此時此刻的我亟須透過接觸同類以診斷自己的心是否生病。

與葉子同行的男生叫做瓦倫泰，來自法國，他倆在邁索爾火車站

邂逅，臨時結伴住進這間青旅；他們寢室還有另一位名叫雷娜的法國女孩，就像我和葉子能輕鬆講中文一樣，雷娜是瓦倫泰那幾天盡情撂法文的對象。雖然住進瑜伽聖地，但我們四個都「非」為瑜伽而來，充其量只是誤闖瑜伽社區的觀光客，相逢在煙火放很大的排燈節，以及邁索爾皇宮點燈之夜。

那天晚上，邁索爾皇宮用「星期天限定」的點燈儀式引誘遊客出籠。廣場上，樂隊在黑壓壓的群眾前暖場，人聲與樂聲鼓噪共振。七點一到，數萬顆鎢絲燈泡同時點亮，瞬間勾勒出皇宮的幾何輪廓；眾人不約而同發出「嘩——」的驚呼，舉起相機猛按快門。我以為只有皇宮的正殿鑲了燈泡，沒想到連四周的城牆、城門都泛著光，原地自轉一圈，放眼盡是金色的世界。

點燈儀式也點亮了排燈節的序曲，從那天開始，整個印度都陷入連續假期的狂歡，如同中國的新年，遊子返鄉、旅客遷徙，大街小巷被湧入的人潮佔據。

85

所住的青旅有個視野開闊的天台，每晚都有免費煙火秀可欣賞，煙火從民宅的屋頂竄向天際，夜越黑數量越多，放煙火宛如有錢人炫富的手段，哪一戶火力越強便代表哪一戶口袋越深。我們是漁翁得利的觀眾，在繽紛火光的映襯下，葉子慵懶地靠坐在塑膠椅上，嗑著她最愛的洋芋片；雷娜正用通訊軟體與她的法籍男友視訊，順便直播身後的燦爛煙花；角落那邊，瓦倫泰與新來的印度房客忙著酗酒呼麻，早已鬆軟到不省人事……而我，正靜靜地記錄這難得有同類的時光。

待在這種地方很危險，一不小心就會化作爛泥，而且一個拖一個入坑。例如第二天，我們的行程鬆散到不行，先逛了大市集，再繞去附近的人氣餐廳用餐，飯後漫不經心地步行到皇宮，卻因人潮爆滿不得其門而入。才下午三點，瓦倫泰已經犯睏，倦意好像會傳染似的，連我和葉子也呵欠連連。我們協議先搭車回青旅睡個午覺，可誰都知道這一回去不是短暫休息，而是一天的句點。果真，我們一直窩在天台足不出戶，晚餐還是叫達美樂外送……

翌日亦如前日般閒散，葉子和我一早就坐在社區裡的茶館，喝著一杯永遠喝不完的奶茶。看著精神奕奕的瑜伽士來來往往，我不由得感嘆：「妳看，那些來學瑜伽的人也挺好的啊，他們打從開始就設定了明確目標，一副氣定神閒的樣子。反觀自己漫無目標地騎著單車，累得暈頭轉向，究竟所為何事？」

我不禁又質疑起旅行的初衷，難道真以為痛苦會換來領悟、孤單能引發思念嗎？說著說著，話題不自覺帶到已故的阿嬤，我藉機將思念用中文傾瀉個痛快，直到停止獨白，抬頭一看，竟發現葉子在哭！
「妳怎麼在哭啊？該哭的人是我吧。」我含著淚鬧她。

「因為很感動嘛⋯⋯這麼說來，阿嬤就是你這趟遠行的意義不是嗎？哪裡沒目標了？」

「呃⋯⋯或許吧⋯⋯」或許吧？

「有人可以思念真好，你的故事也讓我想起我的奶奶。」

「那要繼續說囉，我最喜歡看別人哭了。」

「我真的會繼續哭喔。」

「哈哈哈。」

葉子的性格直爽、喜惡分明，很能與我的多愁善感互補，如果能和她結伴一定很棒（還能暢所欲言）。可惜我早有覺悟，既然選擇了單車旅行就得學習接納孤獨，看破聚散。只是眼看著葉子和瓦倫泰已買好下一段車票，不消幾小時就能抵達遙遠的「他方」，還是不免覺得落寞。寂寞甚至使我輕蔑他人輕鬆的旅行。

轉眼間，排燈節連假就要進入尾聲，來不及施放的煙火趕在最後幾小時瘋狂轟炸，墜落的火光好像唾手可及的流星。軟爛的時光隨著假期劃下句點，法國女孩雷娜已經回到門格羅爾（Mangaluru）的志工崗位，葉子和瓦倫泰將北上班加羅爾（Bengaluru），而我，即將再穿越一座山，尚不知落腳何處。大皇宮、博物館、中央市集⋯⋯遊客如退潮的浪花一點一滴消散。唯一不為所動的只有那些長居的瑜伽士。

離開邁索爾之前，我獨自一人到動物園參觀。孟加拉虎的圍欄外，遊客們探頭探腦，心繫著老虎的每一個動靜。孟加拉虎總是令我想到《少年 Pi 的奇幻漂流》裡的理查帕克——「理查帕克是你嗎？」我對著那頭來回漫步的動物嘀咕。不過牠當然聽不到，牠只是在溝渠中與蔓生的雜草玩著自己的遊戲。

B-f 有大象出沒

在邁索爾住了四天，同期房客皆踏上各自的旅途，使我失去了戀棧的理由。可是往後的路線上並沒有特別想去的地方；單車旅行就是這樣，不特別想去，卻非去不可。欲到達想去的地方就必須忍受諸多不得已的逗留。

我想盡快抵達傳說中的魚米之鄉：喀拉拉邦，階段性目標設定在西南海岸的大城科欽（Cochin）。邁索爾距離科欽大約四百公里，認真騎少說也要三天，為了從德干高原切回海岸，勢必得再度翻越西高止山。有鑒之前痛苦的登山經驗，我對山路心懷戒慎，但那並非全然的恐懼，還包含一絲絲征服的渴望。假若山太仁慈，那麼那些「不得已的逗留」就真的只剩單純的不得已了。

騎行路線預計穿越兩座國家公園，分屬於卡納塔克邦和喀拉拉邦。一入山氣氛就起了變化，空氣裡摻了點戰戰兢兢的氣味，沿途豎立著各種保育動物告示牌，提醒用路人當心猛獸出沒。專營薩伐旅（Safari）的度假村停著一整排《侏儸紀公園》裡的那種越野吉普車，遊客大概都隨排燈節結束回家去了，生意冷清得可以。我一邊踏著單車，一邊幻想著叢林裡的野生動物活蹦亂跳，這時突然有個人從後頭追上來。

「Stop！Stop！」那個人邊追邊喊。我左顧右盼沒別人，於是停下來。
「這裡不能騎車。」那個中年人正經八百地警告。

「不能騎車？」

他指向前方的牌門解釋：「對，從『這裡』開始不能騎車。」可是話才說完，就有輛摩托車呼嘯而過。

「那剛剛經過的是什麼？」

「摩托車可以，但腳踏車不行。因為裡面有老虎、大象……」言下之意是，單車速度慢容易被追捕，而且肉包鐵的簡直是行動便當——嗯，很有說服力，不太像瞎掰的騙術。可是不能騎車該怎麼辦？我問。於是那人把我拎到安管哨交給一位國家公園管警，管警沈思了一會兒，表示願意幫我找一輛「Van」。對方說只要往前十八公里進入另一座國家公園的腹地，單車就無須再受管制。原來不同邦有不同的法令啊？看樣子卡納塔克邦政府比較擔心遊客被咬死，而喀拉拉邦政府比較希望遊客被拖進叢林……

聽到「Van」，我直覺想到侏儸紀公園的吉普車，以為他要為我專雇一輛貴鬆鬆的 Van，結果只是隨機攔便車。第一輛被攔下的是載運石塊的大卡車，雖然司機願意載客，但唯恐單車被石頭刮花，我和管警都覺得不妥，只好無奈地搖搖頭放行。或許是太輕易捨棄寶貴的好意吧，後來攔下的幾輛不是不載，就是超載……

專屬於午後的寧靜在林間搖曳，時間好似靜止般，只剩無緣的車子來來去去。正當我覺得再耽誤下去不是辦法時，轉機忽然出現：一位開著吉普車的司機正好要回烏蒂（Ooty）的家，願意免費載我一程。我等得腿都麻了，趕緊伸展四肢，跳啊跳地將單車扛上車頂。

園區內的路是平整的雙線道，大小車輛來往通行，令人懷疑這種人類頻繁進出的地方真的會有野生動物嗎？

「真的會有老虎嗎？」我問那位膚色黑得發亮的司機，他有著南

印人的典型的圓潤五官。

「這時間很難看見。老虎通常只在清晨或黑夜出沒。」

「原來如此。」我有些失望，還以為獲得一次免費的叢林探險。

或許是見我失望，司機補充道：「雖然看不見老虎，但有機會見到大象。我今早才看見一頭。」

「真的嗎？！那一定很有趣。」

「別開玩笑了，那可是非常危險的事。比起老虎，我們更怕遇見大象。野生大象並非你印象中的溫馴，他們抓起狂來跑得很快，而且力大無窮。」儘管如此還是很想看野生大象。我在心中許願，沒想到願望很快就實現。

——

十八公里過去，車子越過邦界來到一個叉路口，右邊指向我要去的古達如爾（Gudalur），左邊指向司機要回去的烏蒂，我們在此分道揚鑣。分手前司機耳提面命：「這條路往上三十公里就是你要去的地方。雖然按規定能騎車，但請務必小心野生動物。」

91

眼前是如假包換的森林，綠蔭漸漸吞噬人車。我繃緊神經騎行，忽然間，有個引擎聲劃破靜謐的空氣，一輛機車從後方超越並在前方急煞熄火，騎士脫下安全帽回過頭，神情惶恐，以氣音一字一字地傳達著什麼。我讀不懂唇語，但順著他手指的方向看，便能明白他剛剛說的是：「前──面──有──大──象！」

約莫百公尺外的道路旁，有團不尋常的黑影若隱若現，黑影本來不過只是黑影，冠上「大象」一詞竟變得霸氣外露。這下我才意識到牠是真真實實的野獸，不是邁索爾動物園裡圈養的可愛動物。而我們毫無防備……

騎士輕聲為我轉播「動物星球」現場：「看到那兩頭大象了嗎？比較大的是母象，她在保護小象。這時期的母象警戒心重，特別兇悍。」仔細瞧，那團黑影正逐漸擴散，彷彿細胞分裂似地，變成兩坨。兩頭象走路左搖右擺，一前一後，沒有分開太遠。

「現在該怎麼辦？」我問。
「不能怎麼辦，只能等待。」

等待，再等待。這片森林實在過分安靜，安靜得有違常理，彷彿神靈即將降世般，誤闖的生人最好屏息。我感覺到自己的身心在微微顫抖，但依然不是全然的懼怕，更摻雜一絲絲興奮。時間不曉得經過多久，好像是兩分鐘，又好像超過十分鐘。此時叢林深處突然傳來另一頭大象的長嘯，預告危險即將解除。

「差不多了，是公象在呼喚牠們。」機車騎士解釋。語畢，兩坨黑影的方向忽然一個偏移，旋即被草叢一口口蠶食，消失在我們的視線。

「快！趁現在！」眼看機不可失，騎士急呼。他發動機車、催緊油門，以逃亡的姿態加速飛馳。我急忙跨上單車，使出吃奶的力氣狂踩。那位老兄騎經剛才大象所在的位置，不忘轉身確認我一眼，接著他彷彿鐵了心要拋下我似的，沒再回過頭來。

一想到大象隨時可能暴衝出來，心就緊張得快要炸裂，我一直踩、拼命踩，感覺血液汩汩地輸入心臟，再沸騰地輸送出來。後方再次傳來大象的引吭呼嘯，但聲音已然渺遠，不再具威脅。奇妙的是，大象最後的長嘯竟使我的心忽然冷靜、沈穩，不再懼怕。不知為何，我覺得那頭公象好像在感激我們的禮讓似的，對我們的尊重深表謝意。雖然只是動物生理性的叫聲，卻具有勾勒影像的能力，在腦中編織成一幅美滿的畫面：一公一母一小的野生象正享受無人侵擾的天倫之樂。

牠們應該是快樂的吧？不，牠們一定是快樂的，因為這是我見過最如假包換的森林。那麼，我也是快樂的嗎？為何我有點羨慕牠們？

Big 旅行的速度

昨日找旅館時受盡折磨，便宜旅館被捷足先登，剩下一些性價比奇差的選項。付房費時不是談好的價格，老闆辯稱房價不含稅，硬要揩油水。我差點和他大吵，但又明白吃虧的一定是自己，澡已經洗了，行李散落四處，早錯過翻臉走人的良機。何況只是過境一晚，還是省點力氣。

轉眼今日，人已在前往烏蒂的山路上。轉向去烏蒂是個突發決定，若不是給我搭便車的司機說他住在那，我大概不會心生好奇。我並非為了拜訪他而去，更不冀望憑一張合照地毯式尋人，只是想看看好心載我一程的人住在什麼樣的地方。

清晨的雲霧纏繞在尤加利樹林間，白茫茫的奇異感籠罩大地，一路迎來幾座高山湖、草原、依山而建的微型聚落，海拔越高景色越純粹。不過，越接近烏蒂反倒又變得喧囂，不知情的人很難想像這高山小鎮比平地城市來得熱鬧。近年來，氣候涼爽的烏蒂已被移住民、投資客、遊客先後攻佔，晉升南印度赫赫有名的避暑山城。烏蒂除了適合避暑，也是南印人的新婚蜜月和校外教學勝地，或許是為了與浪漫劃上等號，沿街盡是主打「手工製作」的巧克力專賣店，數量之多，簡直到了用巧克力造鎮的程度。

我投宿在邦政府經營的青旅，內裝雖然破爛，但價格親民。偌大的通鋪房由我一人獨居，隔壁則是整團大呼小叫的小學生。放好行李，舒服地沖了個「真正的」熱水澡，我趁著身體還暖和鑽進

被窩，被學生們的嬉鬧聲催哄入睡。

轉醒時已經傍晚，冷得醒過來。雖然早做好迎接低溫的心理準備，卻沒料到冷得如此絕對，那是把手貼在玻璃上會透心涼的冰寒，縱使將衣物悉數套上，走到街上依然會直打哆嗦。山城的街貌與平地無異，改變的主要是人的穿著和舉動：行人裹上厚重冬衣、手套和毛帽，縮緊身子快步走動，捧著熱茶暖手，站近一點取暖——烏蒂是個寒冷的印度。

沿著商業街一直走到火車站，卻發現空無一人。我抬頭看時刻表，「9：15」、「12：15」、「14：00」、「18：00」，一天只有少少的四班。此時眼睛餘光閃過一道人影，正要下班的站務員停下腳步，遺憾地表示：「火車票啊，全部售完囉。明天請早吧。」車票果然搶手！畢竟這段高山鐵路與大吉嶺（Darjeeling）鐵道並列「世界文化遺產」，來避暑的家族要搭，校外教學的學生也要搭，新婚夫婦更搶著要搭。

我對「請早」應該多早毫無概念，隔天一派悠哉地吃完早餐再散步去車站，結果才八點鐘，車票已經售罄……同樣撲空的遊客流連在車站大廳，各種小道消息蔓延開來，有人說車票必須提前半年在網上預訂，現場僅提供部分當日席次，僧多粥少之下只好拼早拼人品。

究竟何等絕世美景如此吊人胃口？一張車票引燃我熊熊鬥志。

——

六點鐘，鬧鈴響了，我燃燒的鬥志幾乎被冷風吹熄，掙扎許久才

勉強與棉被分手。七點前抵達車站，已有一群超級早鳥在寒風中守候，眾人在大廳枯等一個多小時，隊伍終於稍有動靜。第一班的車票在八點準時開賣，旋風式售完！悲劇重演，我連售票員是男是女都無緣一見，窗口已關了起來……

敗興者鳥獸散去，留下幾位心有不甘的遊客，此時工作人員突然宣布：「第二班的自由席將在九點半開賣。」散去的人潮聞言紛紛回籠，一陣大風吹後，我被意外擠到了最前面。一件顯然的事實擺在眼前：只要我願意等，絕對能買到車票，因為我是第一順位。

然而，真正漫長的等待是車票到手後的事。距離發車明明還有兩個多小時，乘客卻已魚貫湧入月台卡位，一條人龍已然成形。另一件事實擺在眼前：不認命加入隊伍，搞不好有票也擠不上去。

十二點又一刻，火車緩緩滑入月台，老車廂長得像迪士尼的遊園車，寶藍色的廂門與深皮革座墊營造出童話氣氛。火車一側緊貼山壁，一側緊鄰峽谷行進，選對側的乘客才有幸飽覽山谷風光。車子幾次鑽進山洞，調皮的學生都會趁黑發出「嗚——嗚——嗚——」的鬼叫，等到鬼吼鬼叫的人差不多叫膩了，留意窗外風景的人也所剩無幾，甚至有些乘客睡得東倒西歪。畢竟眼下的風景實在談不上驚艷，山谷灰矇矇一片，難見宣傳照裡的蓊鬱綠意。

忍著倦意四處張望，卻被一幅偶然目睹的畫面震懾。我看見對座的母女手握著手，相互依偎，白髮蒼蒼的母親與年輕女兒共用一副耳機，輕聲地合唱一首歌曲，乍聽極似台灣原住民的古調，溫柔婉轉。她們一直痴痴望向窗外，彼此在彼此的手心無意識地打著拍子，就像在哄著對方。

「她們看出去的風景一定很美。」我不禁這麼想。

望著、想著，我竟然紅了眼眶，察覺到自己差點落淚，又倏然回神——到底是怎麼回事！？一下是叢林裡的大象使我想家，一下是火車上的母女令我思親。怎麼美好的畫面全成了觸景傷情？

該不會是旅行的瓶頸提前到來了吧？如果旅行的瓶頸實屬必然，平常至少也有兩、三個月醞釀期，未料單車旅行的瓶頸來得如此措手不及，彷彿移動的速度越緩慢，瀏覽的風景越豐沛，心被填滿的速度就越快似的。原來關於旅行的瓶頸還有這條潛在算式，直到我嘗試了不同的速度才心領神會。

——

那天晚上，我在來往數次的商業街邂逅一間咖啡書店，成了在烏蒂相見恨晚的私房基地。衡量英語能力，從書架上挑了幾冊兒童繪本，其中一本是經典的寓言故事：《龜兔賽跑》。情節眾所皆知，兔子仗著天賦敏捷遙遙領先，得意地在樹下貪睡，落後的烏龜淡定邁步，一點一滴追趕，終究超越了兔子逆轉比賽。長大後重讀這則寓言，不知為何竟羨慕起兔子，輸了比賽固然懊惱，但至少好好睡過一覺。

「這裡好舒服啊，真想再多待幾天。」付帳時突發此想。可惜單車旅行的速度就像烏龜，為了邁向終點，我沒有睡覺的閒暇。

莫迪總理的演說

清早啟程離開烏蒂，騎行於山間的低溫與薄霧。上山、下山的車在蜿蜒的路上逞兇鬥狠，駕駛們猛摁喇叭，用野蠻的方法超車趕路；脆弱的路面被經年累月掏出一個比一個巨大的坑，當心來車之餘還得閃避陷阱。有時真覺得，能從單車旅行存活下來絕對是無限奇蹟。

從海拔兩千多公尺重返平地，竟然有種天使被貶入凡的錯覺。山下好熱！短短幾天的山居生活，差點要遺忘平地的高溫。為了融入山下的各種混亂，我急忙把身上不合宜的服裝換掉，重新整頓心情；說什麼也不能被那些混亂絆腳，因為今天就要一鼓作氣騎過邦界，進入嚮往已久的喀拉拉邦。

喀拉拉邦，印度最富饒的眾邦之一，擁有季風氣候孕育的沃土，以及潟湖地形造就的水鄉澤國，《孤獨星球》甚至為喀拉拉出了一本特輯，聚焦她的觀光地位。喀拉拉邦是印度次大陸的綠洲，南印度的瑰寶，當地居民自豪地稱她為「God's Own Country」——神之居所。

可是天曉得，就在抵達神之居所的同時，印度發生了一件撼動人間的大事。

——

連續兩日超過一百四十公里的長途移動，在抵達科欽時已氣力放盡。在人行道旁喘吁吁地休息，卻還得應付突如其來的搭訕，抬頭看，來搭訕的不是印度人，而是張清瘦的東方臉孔，那人欲言又止，好像在考慮該如何開啟對話，然後他開口問：「中國人？」

「不是，是台灣人。」

「中國人？」我反問。

「從四川來的。」

「抱歉，剛才一時不知該說中文還是英文，腦袋累得轉不過來。」

「沒關係，我也是。我好久沒說中文了，舌頭不太習慣。」

寒暄幾句後，互留了通訊帳號便匆匆告別。我的眼皮好重，太需要休息，凡事等小歇之後再說。而那件撼動人間的大事，就在小睡醒來、與中國青年共進晚餐之際突然降臨，更使那位名叫敬松的四川青年成了我共患難的伴。

起初只是聽聞了一則玩笑般的消息。我約略得知印度政府即將發行「新版紙鈔」，並廢除現行舊鈔，卻沒意識到事態的嚴重性，以及後續越滾越大的連鎖效應。事件以莫迪總理晚間發布的演說為開端。二〇一六年十一月八日，約莫晚上八時，印度總理在電視機前向全民喊話──

親愛的印度公民們，

願你們度過了一個充滿歡樂與希望的排燈節假期。今天，我將要談一些重要的議題與決策。

各位或許還記得，二〇一四年五月新政府承接下領導重任時，印度所處的經濟困境。這個曾被冠上「金磚」封號的國家，卻屢屢傳出「磚塊」搖搖欲墜的風聲……

（中略）

……貪腐、黑金，以及恐怖主義是國家長久以來的膿瘡，拖累了國家發展；恐怖主義的威脅非常可怕，許多人因它失去正常生活。但各位可曾想過那些恐怖分子的金援何來？可知道邊境的敵人濫用偽鈔已經多年？

（中略）

兄弟姊妹們，

為了打擊貪腐和黑金，我們決定從今夜，意即二〇一六年十一月九日的零時起，現行的一千盧比和五百盧比紙鈔將不再具有效力。換言之，自午夜開始，這些面額的鈔票將不再納入市場流通，反國家和反社會分子所囤的鉅額鈔票將成為毫無價值的廢紙，誠實與勤勉之人的權益將獲得充分保障。

為緩衝未來這段時間國民可能面臨的困境，我們將採取以下政策（重點節錄）：

1. 個人持有之一千盧比與五百盧比紙鈔可於十一月十一日起至十二月三十一日止存入銀行或郵局帳戶，無任何限制。您將有五十天的處理彈性，切莫驚慌。
2. 所有提款機將於十一月九日（某些區域含十一月十日）暫停進行交易。最初幾天，每卡每天將設有兩千盧比的提款限制。日後擬增至四千盧比。
3. 最初兩星期，每人每日臨櫃之兌鈔上限為四千盧比，日後擬放寬上限。

4. 最初的七十二個小時內，政府醫院、鐵路售票櫃台、國營巴士站、機場售票櫃台、加油站、藥局、牛奶舖、火葬場和墓地……等，仍彈性接受舊鈔。

5. 外國旅客可持國外貨幣或舊版印度盧比進行換鈔，唯每人每日限額五千盧比。

6. 新版的兩千盧比與五百盧比很快將問市，進入市場流通。

（中略）

兄弟姊妹們，

儘管這些努力可能為誠實與辛勤的公民帶來陣痛，但經驗告訴我們，民眾已做好為國家利益犧牲的準備……我相信，所有政黨、機構、媒體，乃至各個階層，將挹注飽滿的熱情使改革成功。

再一次，讓我誠摯地邀情您，為清理國家的膿瘡犧牲奉獻，就像您在排燈節假期整理家園一樣。

非常感謝您，非常感謝。

再見。

印度總理 莫迪

C段——神之居所

兩個人的黃金傳說

「我在碼頭的對面，準備搭渡輪去對岸。敬松你呢，你在哪裡？」
「抱歉，我被耽擱了，真如你所說的，旅館櫃檯拒收我的錢。先
處理，隨後就到。」

初見面後的那頓晚餐，我和敬松彼此覺得合拍，便協議合租一間
雙人房節省開銷。我們從各自的旅館退房，將搬到潟湖對岸殖民
味濃厚的科欽堡（Fort Cochin）。此時此刻，我正在碼頭上準備
渡河，而敬松被困在櫃檯與員工周旋。

擔憂之事果然成真，表面上看似平靜無波，私底下卻鬧得沸沸揚
揚。關於莫迪總理大動作廢鈔，簡言之是一夕之間，原本通行的
五百元盧比和一千元盧比紙鈔將全部作廢，由新版的五百元盧比
和兩千元盧比取代。可是一千盧比在市面已夠難找開，竟跳過該
面額直衝兩千，這神邏輯實在匪夷所思。

誠如演說內容，廢鈔政策是為了打擊黑金及終結偽鈔，消息一出，
家裡私藏金山銀山的地下富翁就不得不捧著現金到銀行存款，乖
乖申報繳稅。因此，這醞釀已久的祕密行動勢必得快！狠！準！
才能殺得他們措手不及。然而這卻是個「寧可錯殺一百，也不肯
放過一人」的荒唐計畫，即便我不諳財經政事，也能輕易點出執
行上的可笑漏洞。那些被錯殺的人（包含我），在後來政府聲稱
的陣痛期中，度過為錢焦頭爛額的日子。

當時我身上的盧比剛好所剩無幾，連未來幾天的房費都付不出來；至於敬松一早就踢到鐵板，用舊鈔支付尾款被拒，和青旅的員工起了爭執。事件發酵之快，不到半天，白花花的紙鈔已淪為眾人避之唯恐不及的燙手山芋。決定搬到對岸是個明智之舉，科欽堡區雖然沒有真正的堡壘，卻有一道隱形的屏障阻絕了風暴，即便廢鈔事件來勢洶洶，依舊保有最後的幽靜。大航海時代，中國人、歐洲人、回教徒、猶太教徒等，飄洋過海來此進行貿易、傳教或殖民，留下多元文化風情。成群的洋房、教堂與碩大的綠樹為伍，識途的遊客大多流連於此，享受殖民者來不及帶回家鄉的悠哉。我們所住的民宿在洋房區稍南的巷弄內，一個恍如像清邁老城的地方；直到敬松前來會合，我已睡了一個不深不淺的午覺，就像窄巷裡慵懶的貓，我也好想用睡眠逃避現實。

所幸我並非獨自面對問題，而是有位一同挑戰「黃金傳說」的夥伴（註：「黃金傳說」為日本挑戰各種「不可能任務」的綜藝真人秀）。我的隊友敬松來自成都附近的偏鄉小鎮，他戲稱出了那個地方就再也找不到姓「敬」的人家。他是一胎化政策下瞞著偷生的男丁，幼時隨送養的人家姓「馬」，長大後才認祖歸宗、改姓正名。

倘若每個人的每段遠行都有一個關鍵命題，那麼敬松的命題肯定比我明確得多。他才剛結束一段為期三年的婚姻（推算回去，敬松在二十五歲就升格人夫，雖然該年紀在農村還嫌過遲），離婚這檔事可想見地成為村民茶餘飯後的閒話，面對傳統思維、親族冀望、人生方向……等種種難題，敬松選擇了暫時逃避。他從四川旅行入藏，經尼泊爾踏上印度，於旅行的第四十天來到科欽。

——

我們的作戰策略很簡單，首要之務是盡可能省吃儉用。即便成功向旅館老闆賒帳緩解了燃眉之急，但兩人的現金湊一湊，能活用的也僅剩幾百盧比。我收斂我的貪吃，敬松按耐他的菸癮，我們都以為只要撐過第一天，隔天金融機構恢復營業便雨過天晴。

可是每個人都在等待銀行開門，每個人都想第一個換到新鈔。印度人各個是排隊高手（在烏蒂買車票時已領教過），起得再早，依然得盯著別人的後腦勺興嘆。人潮從郵局溢出來，蔓延到院子，甚至街上；每間銀行都被早起的鳥兒擠爆，彷彿廟會活動移師他處般熱鬧不已。

令我訝異是，現場沒有騷動、推擠、咆哮等失序情形，即便無奈，民眾仍然保持修養。當地人對廢鈔政策的態度更教我吃驚，幾乎是一面倒地支持莫迪總理。「我相信莫迪總理，願意共體時艱。」「太多偽鈔、太多貪腐、太多逃漏稅，我支持打擊黑金！」印度人都這麼說了，只好安慰自己有幸見證歷史性的一刻……

換鈔採取「記名制」，每人每天只有四千盧比的額度。雖說四千盧比綽綽有餘，但問題是，剛到手的「新版兩千盧比」毫無用武之地（此時新版五百盧比尚未問世）。店家拒收就算了，就算肯收，找回來的必定是舊鈔票，哪有人笨到拿新錢去換廢紙？

萬萬沒想到，我的人生竟然也有「有錢無處花」的一天！我們到處吃閉門羹，被迫上高級餐廳刷卡消費，但那不是長久之計。因此，每當有人願意大發慈悲接受舊版鈔票，都教我們欣喜若狂。我和敬松在同一艘船上，找回來的錢都先納入公費，如此一來晚餐便有著落，連買菸的餘裕都有了。我們雖然杞人憂天，亦不忘及時行樂。

然而換鈔的情況越來越糟，缺鈔破口一天比一天更大，一度恢復運作的提款機再次陷入停擺，螢幕被貼上大大的「No Cash」。印度各地因補鈔不及而騷亂頻傳，政客在節目上罵得口沫橫飛，直指政府的應變遲鈍、朝令夕改。聽說在一些資訊不對等的鄉村，有人誤以為自己瞬間破產而走上自殺一途；有人連日排隊體力不支，倒下去就沒再醒來。有人的婚禮被迫延期，有人的喪禮潦草收尾。說是為了平民百姓的幸福未來，遭殃的卻是平民百姓……民意終於不再全然支持莫迪政府，反對聲浪及示威活動遍地開花。整個印度陷入一種搖搖欲墜的氣氛，我突然擔心起總理演說中的那塊「金磚」是否安在。

想當然，我和敬松的「黃金傳說」繼續上演，換來的新鈔依舊好端端地躺在皮夾裡。科欽堡儼然成了真正的堡壘，周圍的水域是護城河，輪船仍緩緩地出入港灣。

那段期間，我們趁在半島上旅行時順便「拜訪」銀行，何以說是

「拜訪」？因為外國人通常享有特權直搗主管的辦公室陳情。「插隊實在很抱歉，誰叫你們政府胡搞瞎搞。我也是受災戶啊，請原諒我吧。」我在心裡向老實排隊的人致歉。仗著特權三顧茅廬，終於又將身上的美金兌換成嶄新的盧比，加上原有的四千盧比，已夠在印度存活至少十天。不過問題依舊，真正能運用的只有可憐的幾張百鈔，剩下的錢充其量只是泛著新鈔香氣的廢紙。

我一邊擔憂自己即將陣亡，竟一邊坐在高雅的咖啡店，喝著昂貴的拿鐵。享受完科欽式的悠閒午茶後，再拿著帳匣走到櫃檯問說：「請問能刷卡嗎？」

——

我有一張從科欽開往班加羅爾的火車票，在戈卡納時透過旅行社預訂的。原本計畫月中要到那裡修習內觀，卻因心理抗拒而臨陣取消（私認為每天騎單車已經內觀到飽⋯⋯）。車票雖然可退，但必須由代訂店家經手，想想麻煩，還是先到班加羅爾再說。火車三天後出發，所以我已打定主意賴在科欽不動。而敬松的印度之旅也接近尾聲，所剩要務是買張去清奈的火車票，然後搭機逃離這場金錢災難。

我們搭乘巴士到對岸。數日不見，感覺市區又更壅塞，施工中的捷運是混亂禍首，廢鈔政策再火上加油；大多數銀行大門深鎖，求助無門的民眾只好哪裡有人就往哪聚攏。火車站也陷入混亂，還能吐鈔的提款機前排了長長人龍，擋住旅客的去路。

車站是少數還能使用舊鈔的機關，我們除了需要車票，更覬覦價值連城的小額找零。此時作戰方針已從單純的節省開銷，演變成

透過各種門路換取零錢。與其一味節流，不如想辦法開源。

計畫進行得出奇順利，敬松如願買到去清奈的車票，並換回一些找零。我們又把珍貴的籌碼一口氣梭哈，全部壓在另一個賭注上：搭公車去市郊的購物中心。如果我沒想錯，在金流活絡的購物中心勢必有更多「洗錢」機會，即便失算，也應該能刷卡，如此又能另闢陣地多活一天。

市郊的 Lulu Mall 不愧為南亞最大的購物中心，各大本土品牌、國際連鎖店、生鮮超市、電影院、電玩廣場、保齡球館……應有盡有。麥當勞、肯德基、星巴克、必勝客……不停朝這邊招手說：進來吧，進來吧。我們終於擋不住誘惑，不爭氣地拐進漢堡王。

我點了菜單上最便宜的套餐。結帳時，明知故問地掏出嶄新的兩千盧比對收銀員說：「這個，能用嗎？」

沒想到對方毫不遲疑地收下，彷彿我歪打正著說出什麼通關密語似的，她把手伸到底下撈出一大疊百鈔，一張張數了起來。我按捺不住上揚的嘴角，呼叫正在研究菜單的敬松。

「喂……敬松，敬松，你快看！你快看吶！」

他將視線移到那疊鈔票上，發出「啊──」的一聲，猶如海上漂流的難民發現船隻經過般振奮地亂叫：「我們復活了！我們復活了！」客人們紛紛往這邊瞧，其他店員也放下手邊工作湊熱鬧。有了我的先例，敬松如法炮製點了最便宜的套餐，收銀員再次取出整疊鈔票數錢，一邊數一邊竊笑。

好一個踏破鐵鞋無覓處,有了大把百鈔,便不必再對種種誘惑乾瞪眼。我們享盡娛樂,先到超市大肆採購糧食、吃冰淇淋,再逛到頂樓戲院,看了場李安導演的《比利林恩的中場戰事》。手頭有錢,連小旅行計畫也得以實現,隔天我們立刻動身去阿勒皮(Alleppey)。

——

喀拉拉邦的海岸線由無數潟湖與渠道構成,最著名的水鄉就屬阿勒皮。

搭了三小時巴士,從車站沿水道步行到碼頭時,正好銜接上一班準備出航的交通船。小型渡輪航行於狹窄的水道中,受到兩岸的綠樹簇擁;渠道深入民居的水鄉生活,與居民的日常密不可分。打赤膊的少年在溼地上玩排球,歡笑聲清晰可聞;婦人將五顏六色的衣物晾在椰林下,遠看像繽紛的萬國旗。潟湖上停舶了無數的船屋,有的為了迎合觀光已轉型為特色旅館,但大多數還保有原始的樣態。

由於是交通船的緣故,自然少了導遊解說、迎賓茶水、也沒有尷尬的登岸行程。船行入潟湖後景色漸漸轉而單調,暖風捎來陣陣倦意,擋不住瞌睡蟲的乘客已倒頭入睡。敬松不知何時與青少年打成一片,教他們唱〈小蘋果〉、講四川話,少年們被逗得樂不可支。後來我問敬松都教他們說些什麼。「當然是罵人的話啊,哈哈哈哈」他回答。

航行約莫一小時後,渡輪在潟湖中心迴轉,船隻調頭貼著彼岸前進,往來時的方向返航。一來一往共約兩小時航程只需四十盧比,

高貴不貴的船票是我們成功挑戰「黃金傳說」的犒賞。

對我而言，潟湖游船是造訪阿勒皮的 Must Do，而造訪阿勒皮是旅行喀拉拉邦的象徵性儀式。心願已了，金錢彈藥暫且充備，而那些錢也絕對夠敬松撐到離開印度。

印度最大的雕像

敬松離開的那天下午，我送他到對岸。我們搭渡輪過河，因為沒估準船班而落得匆匆忙忙，碼頭上的三輪車火速將他運往車站，使最後的告別潦草收場。看著三輪車毅然決然地駛去，感覺自己被誰丟包了一樣。

兩天後我也來到相同的車站，時間是入夜以後。夜晚的車站依舊燈火通明，候車旅客比起白天有增無減，畢竟埃爾納古蘭（Ernakulam）車站是南印的重要起點。即便是起站，火車還是誤點了近兩個小時，又耗了近半個小時才發車。一夜過去，我已被放生在五百公里外的班加羅爾。

和班加羅爾只有極短的交集，我並不打算在人稱「印度矽谷」的城市停留，而是取了車，略過市區，直接切入國道。比起科技城市，我更嚮往傳說中的嬉皮聖地漢比（Hampi），抵達那裡之前，途經哪些城鄉都無所謂。

記得當天下午，在國道旁的連鎖咖啡店遇見來自西班牙的家族旅行團，一行人浩浩蕩蕩租了輛露營車，從加爾各答開來這裡。家族中幾位女孩得知我正在進行單車之旅，不約而同眼睛一亮，可是整家人的英文都不太行，女孩結結巴巴地嘗試說：「You are so b……b……」她左顧右盼，試圖找一個能理解心思的人，這時一家之主跳出來解圍。

美利達自行車

「So brave。」爸爸說。

「Yes、Brave。」女孩們鬆了一口氣。

我謙虛以對，這種時候「謙虛」絕對比「吹噓」更容易收場。況且，我真的勇敢嗎？我想要進一步解釋，但找不到合適的字句。

西班牙家族上路後，我獨留在座位上，思索剛才為何忽然語塞。我自問：來印度騎車真的關乎勇敢嗎？在印度騎車真的更艱難嗎？事實上——必須坦承——出發前假設的種種擔憂幾乎都沒有成真。我沒有害自己流落街頭，沒有陷入飢寒交迫，沒有遭逢大雨變落湯雞。我每天睡在有屋頂的旅館，上館子飽餐，雖然這裡沒有媲美台灣的便利商店，但能補給糧食的雜貨商俯拾即是。我在打破交通規則與邏輯的國度裡橫行、逆向、鑽小路、上國道，更因單車受惠，頻頻得到關切與幫助。有了這些，在印度單車旅行還需要勇敢嗎？更需要的其實是敞開心胸吧。我想說的是這些，但找不到合適的字句。

——

翌日，帶著敞不開的心胸繼續北上，並在茶館遇見了兩個先對我敞開心胸的陌生人。

印度人很奇怪，專愛挑人休息的時候搭訕。兩人在我喝茶時朝這邊走來，正覺得不妙，那位身穿丹寧襯衫的男人已率先開口；他的英文很好，語氣很有自信，相較下一旁的T恤男顯得比較低調。一時猜不透兩者的關係，說是父子，年齡差距又不夠大；說是上下屬，又有沒有絕對的主從氣息。

言談中發現我們的目的地相同，丹寧襯衫男和T恤男不知討論了什麼，然後說：「張先生，我的名字叫做包尼，這位是我的學生希瓦，我們正在奇恰督卡（Chitradurga）進行一個大型雕塑計畫。既然您也同路，是否有榮幸邀請您來工作室參觀？」見我一臉困惑，他接著說：「住的地方有著落了嗎？不介意的話也可以和我們的藝術家同住。」

突如其來的奇特邀約使我的態度大翻轉。我好現實，幾分鐘前還在敷衍虛應，忽然又積極得不得了——師生、大型雕像、藝術家工作室……組合起來究竟會是什麼？進一步追問，才得知他們來自「班加羅爾藝術大學」，包尼是指導老師，而希瓦是參與計畫的學生之一（兼司機），他們的藝術家團隊正在奇恰督卡進行一個雕塑計畫。我想，天底下應該不至於有如此迂迴的騙局吧，於是和希瓦交換了聯絡方式，約好幾小時後再次碰面。

抵達奇恰督卡時已經下午四點，依照希瓦的指示來到他們借宿的隱修院（Ashram）。來碰頭的是另一名青年，他騎著摩托車領著我又騎了一段，指著遠方的鐵皮屋說：「工作室就在那所小學後方。」

巨大的鐵皮工廠搭建在荒涼的空地上，包尼和希瓦在門前揮手迎接。剛進屋內就被嚇得倒抽一口氣，本以為他們所指的雕像不過是公園裡尋常的偉人紀念碑，但眼前的物體卻龐大得像座攀岩場。包尼帶我繞工地一圈，一邊介紹工作夥伴。「這位是阿倫，這位是丹，這位是拉吉……常駐藝術家共有九位，主要來自班加羅爾藝術大學。」幾位藝術家在鷹架上忙於工事，被點到名時伸手招呼。班加羅爾藝術大學是南印首屈一指的藝術學校，參與計畫的成員都是一時之選，各執所長。

我們緣著圓形的工事繞圈，經過了一對巨型腳掌，最後停在一座約三米高的銅像前，包尼接續方才的話：「這是雕像的等比例模型，我的作品。」眼前的銅像身著長袍，左手捧著一本書，右手舉在胸前比出「一」的手勢，面容莊嚴又慈藹，身分是已故印度哲學家巴薩瓦納（Basavanna）。

「我們已完成腳踝以下的部分，目前進度來到小腿肚左右。」

「光這一小截就如此巨大嗎？」

「沒錯。雕像成品高達兩百二十五英尺（約六十九公尺），將超越自由女神成為印度陸上最大的雕像。」

「超越自由女神？印度最大？！」簡直不敢相信自己的眼睛和耳朵。這裡究竟是什麼地方？是夢嗎？

據聞，此案已進行兩年，預計還要八年才能完工。工程由下而上分作十個階段，每個階段都需經過開模、翻製、灌漿……等繁瑣製程，最後才將所有部位組合拼裝。雕像的正式預定地就在工廠旁邊，丹尼吩咐阿倫帶我去參觀。

步出工地，阿倫邊走邊說：「雕像的底座會是一座高一百英尺的博物館，加上雕像本身的兩百二十五英尺，一共是三百二十五英尺。」我們停在一塊光禿的空地上，工地正在打地基，被掘出一個深不可測的坑。

「其實我對三百二十五英尺毫無概念，聽你們老師說比自由女神像更高。」

「你說對一半，高度的確會超越自由女神。但正確來說包尼不是我們老師喔，該尊稱他『校長』才對。」

「校長？」

阿倫的話再次令我倒抽一口氣——那位毫無架子的丹寧襯衫男子是校長？完全推翻我對校長的刻板印象，世界上哪有校長會在路邊亂撿一位邋遢的單車客？

之後發生的事更令我受寵若驚。我被邀請進包尼的辦公室，他告訴我待會得趕回學校，並說：「張先生，若你想在此留宿，一切都打點好了，希瓦和阿倫會負責照顧你。」

我當然想留宿，求之不得。

「對了，你身上的旅費夠嗎？有受到廢鈔政策影響？」

「這個嘛，足夠撐個十天吧。」非常拮据的十天。

「不如這樣，」包尼傾身，從屁股口袋掏出皮夾，抽了四張五百盧比鈔票放在桌上，推到我面前。「這些錢給你以防不時之需。雖然是舊鈔，不過還能在銀行兌換。」

「不行不行，怎麼能收陌生人的錢呢！」我嚇壞了，趕忙回絕。

「你都願意來到這了，還算陌生人嗎？我們已經是朋友了啊。」

包尼解釋說，自己年輕時在歐洲旅行也遇過類似困境，至今仍感念當地人的援助，決定有機會也要回饋路上的旅人。拗不過他的堅持，我滿懷感激地把錢收下，呆了片刻，忽然想到必須留下他的聯絡方式。

「我唯一想到能做的事，大概就是寫明信片給您。等到了適合寫信的地方，一定致信問候。」我說。包尼留下的地址果然是班加羅爾藝術大學，但始終沒透露自己的校長身分。

「已經是朋友了啊。」目送包尼離去後，我在始終敞不開的心中反覆思索他剛剛的話。

印度人好輕易把陌生人當作朋友，而我太習慣把來者視為惡人。

——

包尼離開後，我在那裡待了兩天兩夜。

藝術家團隊有九名成員，外加一位兼打雜的廚子，一共十人生活在鐵皮屋下。除了最初接觸的希瓦和阿倫，我始終無法對應其餘成員的名字，只好依外型或穿著替他們貼標籤，例如「穿牛仔襯衫的」、「招風耳的」、「留落腮鬍的」……幾位藝術家都沒有不食人間煙火的仙氣或憤世嫉俗的孤高，身上多的是辛勤工作的汗水與塵土，說實在一點也不藝術。

每天日落後將進度收尾，大夥們圍在大長桌等待放飯，負責煮飯

的廚子年方十八，據說他十五歲就離家闖蕩，到處打零工，直到被包尼撿來工廠才有了穩定的工作。晚餐的節奏很快，是那種以填飽肚子為目的的進食，忙了整天的藝術家都累得無心閒聊，各自埋首吃了起來。

餐後天色已暗，眾人摸著黑抄捷徑返回隱修院，所謂的隱修院，是印度各地常見的一種修道場所，有時被當作香客的臨時庇護，有時被用作私塾，或學術研討場地。藝術家們因為雕塑計畫得以免費住在隱修院，而我又託諸位的福，成了白吃白喝的寄生蟲。

我和希瓦共用一間四人房，腳踏車停放在空床邊；熄燈前與希瓦閒談，才得知他是藝術大學裡的兼任講師，每週三天在班加羅爾授課，剩下四天隨包尼校長到奇恰督卡監工，美其名是監工，卻必須親力親為，看他身上的塵土就知道這人做事絕不馬虎。雕像計畫是個馬拉松式的長期工程，只不過希瓦似乎沒有奮戰到底的打算，他私下告訴我，若有機會，更想搬回老家與父母同住，在鎮上經營個人工作室，為小鎮導入藝術風氣。

每個人心中都有株小小夢苗，印度的廣大青年們也不例外；忽然之間，我想起了果亞男孩的事，東迪說他想在泰國海灘舉辦音樂派對，賺了錢要開孤兒院⋯⋯

隔天，按照希瓦的作息早早醒來，像個小僕人般跟前跟後，先隨他到朝市買酥油和小米，再抄相同捷徑回鐵皮工廠。睡在工廠裡的廚子一早就不得閒，他在熱鍋上煎餅，一張接一張，不一會兒已完成十一人份的恰巴提（Chapati）。爐子另一邊，希瓦正用剛拎來的酥油拌炒小米，再加入適量的水、蔗糖及香料，收乾成黃色的甜品。我喜歡看他們在廚房忙東忙西的模樣，原來「做菜」也是人類的一種共通語言。

早餐後又是全新的工作天，藝術家們各就崗位，一直忙到日落。

趁大夥忙碌之際，閒著也是閒著，便一個人到市區閒晃。若說外國遊客特地來奇恰督卡所為何事，不外乎是參觀山上的堡壘遺跡，它是毗奢耶那伽羅王朝 (Vijayanagara) 時期興建的城堡之一，與漢比的世界遺產屬於同一時期。

頂著豔陽尋尋覓覓來到售票處，卻發現門票翻了一倍，漲到兩百五十盧比。該不該花這筆錢令我陷入兩難，在人人缺錢的關頭，每一分錢都得花在刀口上。突然想到包尼給的五百盧比舊鈔，心想，若售票員肯收就進去，不收就走人，就像銅板的正反面，拋出去，讓命運決定。

結果舊鈔被硬生生退了回來，既然這樣，乾脆利用空出的時間跑一趟銀行把鈔票給換了。事件發酵超過十天，換錢的鳥事已默默滲透我的旅行，成了既定行程的一部分；各家銀行依舊人滿為患，

排了一個多小時才將包尼的錢換成等值的百鈔，行員用一種特殊墨水在我指甲上做記號，墨水慢慢風乾，滲透纖維，氧化成黑褐色——據說那墨色能維持一星期，下次換鈔前必須先檢查手指。

雖然被強制做了記號，但我很喜歡那個米粒狀的黑點，而且越看越討喜。小小的印記彷彿將我與平民百姓分到同一陣線，藝術家們看見了都知道我去過銀行。身上因此又多出一件與他們相同的東西，它是一個符碼、一個標籤、一個識別。這時，才赫然發覺，有時我會不自覺地站在「他們」的角度思考事情，一同出氣、一同喜悅、一起期盼雕像完工。說不定我的心已有一部分被印度同化，只是不願承認罷了。

一個星期啊，一個星期足以讓雕像更接近天空多少？還需要多少個一星期才能見證偉大的時刻？而我的旅行已進行了多少個一星期，還要多少個一星期才能抵達真正的終點？

——

臨行的清晨，收到了一份意外驚喜。

下床時發現門縫塞了一張紙，拾起來看，竟然是給我的禮物：紙上畫了我騎單車的Q版插畫，右下角署名「阿倫」。這時睡眼惺忪的希瓦湊過來，一副不出所料的口氣說：「是阿倫畫的嗎？哈哈，難怪那傢伙昨天特別晚睡。」我忽然一陣鼻酸，只差沒噴淚。

起得太早，其他人都還在睡夢中，只有希瓦為我送行，我在大地初醒之際再度跨上單車，重返來時的岔路。如人常言，「計畫永遠趕不上變化。」那麼這段插曲想必是最好的註解。我一心只想

快點抵達漢比，途經哪些城鄉都無所謂，原來並不是真的無所謂。

註：其後搜尋網路資料，根據二〇一四年 The Times of India 報導指出，位於奇恰督卡的巴薩瓦納雕像總體建築高度（含底座博物館）應為兩百五十六英尺（約七十八公尺），並未超過自由女神像的總高九十三公尺，亦非印度陸上最大的雕像。未知後續是否有更動設計，不過若依新聞報導數據，私認為，藝術家們所說的是，該雕像為印度最高的「巴薩瓦納雕像」。

容身之所

或許是在奇恰督卡遇見好人好事，或許是期待著即將突破兩千公里，又或許是這天就要抵達漢比，所以一早騎起車特別有勁。

早飯選在村莊的小店解決，不諳英語的婦人掀開鍋蓋，裡面是一種黃色的飯。黃色的飯配一種嗆辣的紅色醃菜，兩者都涼了，但我不介意，是我無備而來，在小到要消失在地圖上的村莊有得吃已該偷笑。我也不介意村民的頻頻打擾，就算他們圍著單車交頭接耳，也只是出於單純的好奇，況且他們懂得察言觀色，未經同意不會動手動腳。我難得興致一來，把身上的比迪菸（Bidi）分給他們，大夥更樂了，簡直把我當自己人，開始教我說貓啊、狗啊的卡納達語（Kannada）。

這段國道果真如希瓦警告般既險又窄，他提醒我務必留意不長眼的卡車，甚至奉勸乾脆改道而行，但我不願妥協，與其繞道，寧可選擇一天即可解決的直線路徑。

距離漢比最近的城市叫做霍斯佩特（Hospet），不過大多數遊客把它當轉運站過門不入，轉了車直奔漢比。相距十公里外的漢比雖然只是個小村莊，但她頂著世界文化遺產的耀眼光芒，使得附近的城鎮都相形失色。

只不過，在折射漢比的光芒之前，請先容我抱怨與她初識的失落感，我保證馬上為她平反：是我把巨石叢林錯估得太有魅力，以

致嘗到一點點驚喜之餘的失望。記憶裡，通往村莊的小路有幾段高低起伏，沿途盡是椰林與農田，土黃色的奇形巨石錯落期間，堆疊出一座座醒目的小丘，許多人形容此景如太空異星，那是沒上過太空的人給她的至高讚美，然而除卻那些，漢比不過是個單調的村莊，小小的商店街不消五分鐘即可逛遍，究竟憑什麼被捧為嬉皮聖地？

可是我終究也淪為漢比的俘虜，某天清早醒來，賴在床上翻來覆去，好不容易鑽出蚊帳，又鑽回去。再睡一會兒好了，我心想，等等別忘向老闆娘口頭續住——算一算這是第四個早晨了吧？還是已經第五個呢？必須翻開日記回推，才能確定已在漢比虛擲多少光陰。

猶記得當我牽著單車走進村莊的巷弄，有位小女孩忽然跑過來說：「Do you need a room？」女孩大概只懂這句英語，因此無法接應我的回答，只管直指巷尾一位正朝這裡招手的婦人。

婦人是女孩的母親，也是民宿的老闆娘。她開了間簡陋又陰暗的雅房給我看，那房間就像用黏土手捏的洞穴，最吸引目光的是罩住整張大床的蚊帳。一問房價，只要一百五十盧比，即使衛浴共用，不帶網路，價格還是便宜得無可挑剔。決定先住三晚再說。

直至第二天睜眼睛，才開始慢慢建構漢比的輪廓，就像把街景圖資 1MB、1MB 下載到大腦那樣。所下榻的區域由幾條窄小的商店街構成，包含旅館、民宿、餐廳（漢比禁酒所以沒有酒吧）、雜貨店、手工藝品店、二手書店、旅行社、網咖……麻雀雖小五臟俱全。商店街範圍之小，認真走五分鐘就能逛完；樓房不高，沒什麼破壞天際線的醜東西。

小鎮裡最明確的地標非維魯巴沙神廟（Virupaksha Temple）莫屬，它是漢比最古老的神廟，入口有座高達五十米的塔門。一條長長的參道從醒目的塔門往外筆直延伸，連結車站、郵局，以及另外一座名叫阿丘塔拉亞（Achutharaya）的神廟。聽居民說，幾年前參道周邊仍是熱鬧的「漢比市集」，誰知某天政府忽然睡醒似的，疾呼要保護文化資產，配套尚未完善就急著把攤商、店家、民宅驅逐出境。如同道路拓寬般，商店街的腹地被吃掉大半，河的左岸日漸蕭條，居民與遊客只好往右岸遷徙。或許是地方越來越小的緣故，無處活動的遊客每天在相同區域流連，晃著晃著，生面孔晃成了熟面孔，人與人產生越多牽連，越難灑脫離開。

至於佔漢比絕大部分的歷史遺產，大致分作兩大區塊，一是以參道為軸神廟群，最醒目的地標即為維魯巴沙神廟的超高塔門；塔門對角線的河岸上還有另一座知名的維達拉神廟（Vittala Temple），據說裡頭的雕刻保存得最完整。若選擇購票入場，可持同票券參觀另一區塊：札納納圈地（Zanana Enclosure）。腳勤的人應能一天逛遍所有遺跡，但鮮少人這麼做。旅人來漢比所為滯留，觀光只是附加價值，太急躁會顯得格格不入。

舉個例子。位在斜對面的民宿經常有東方面孔出入，推測是走到哪都喜歡群居的日本旅客。某次我蹲在門前喝早茶，一位女孩經過用日文向我問好。我用日文解釋自己是台灣人，並與她攀談起來。
「你也說日文啊？」女孩問。
「一點點，聽比說好。」我解釋，「那裡好像住很多日本人，對嗎？」
「是啊，整間都是日本人。有空歡迎來坐坐啊。」
這位名叫小望的女生是我在漢比認識的第一個朋友。而我開始學

習漢比的步調，是在認識第一個朋友之後的事。

我當真過去叨擾。當時小望正和其他房客一樣窩在中庭殺時間，有人在滑手機、有人在看書、有人在抽菸、有人在編手鍊……大家各忙各的，像在漢比定居了半世紀。這群人完全不把觀光當一回事，每個人都有一套專屬的旅行哲學，光靠那套哲學就能在異地長期生存。有人甚至已經在漢比待超過一個月，問及都做些什麼，竟笑說想不起來。但你就是無法替這種人冠上「蹉跎」的罪名，反而有點羨慕他們浪人般的灑脫。

除了日人民宿，我在漢比也慢慢發現了幾個喜歡的地方，其一是經常光顧的蘇瑞許餐廳。我通常會點一盤分量紮實的塔里餐，邊用餐邊讀書，餐後視心情加點一杯奶茶，慵懶地靠著桌緣吞雲吐霧，或寫寫明信片。老闆沒事最喜歡看晚間的政論節目，毫不意外，近期全是有關廢鈔的話題。「他們正在討論什麼？」我問。「好像是新版的兩千盧比也出現偽鈔了。」老闆回答。

除了蘇瑞許餐廳，巷口的普里（Puri，一種油炸印度餅）也令我再三回味。那個小攤子有賣識途老馬才懂得點的香蕉普里；製作香蕉普里特別費時，因為有人指名，老闆才匆匆去買香蕉；作法是將剖半的香蕉裹進麵皮下鍋油炸，成品的顏色和外型像極了放大的鍋貼。我一試成主顧，每天早上最期待的就是香蕉普里，不，甚至睡前就心心念念。

相較於前兩者，另一個地點就顯得不夠低調。維魯巴沙神廟的塔門旁有一條登高小徑，通往距離村莊最近的日落點，每到黃昏必定聚集無數遊客。在漢比的那幾天，我好幾度前往日落點報到，相同的夕陽，怎麼看都不膩。我在旅行路上看過好多日落，如果

說蒲甘（Bagan）的日落是緬甸的經典印象，那麼漢比的夕照即是南印的暖暖之光，好像觀賞一齣醉人的舞台劇，散場的觀眾帶著飽滿的情緒，頻頻回味才剛落幕的劇情。

說好了要為漢比平反。我想，每個深陷漢比的旅客肯定都找到了量身打造的容身之處，才會理直氣壯地賴著不走。而那些或神祕或高調的私房基地，在未來都將成為回憶的源頭，有意無意地刺痛懷念的神經。

──

在漢比的日子大抵如此，生活通常由數個無關緊要的小事構成。若是太刻意、太急躁，反而格格不入，事實證明只有從容的人才有空敞開心胸。我不確定是否崇尚這般無所事事，抑或只是想逃避單車旅行，但我能真正感覺到自己的心門正一點點打開，陽光幫忙清創，穢物從傷口流出，每排出一些髒東西，心就騰一些空間給新鮮物質。

轉眼間來漢比已經一週，我在掛蚊帳的房間睡了六晚，連續吃了三天香蕉普里，到蘇瑞許餐廳報到五次，欣賞了四遍日落，在小巷子裡來回穿梭的次數……嗯，已多到數不清。期間還和小望去了漢比河右岸山上的猴廟，以及碼頭附近聽說可以下水的湖。爬山與游泳，半天的時光就這麼悄然溜走。人一旦適應了緩慢步調，消磨時間就不再是難事。

每天清晨與黃昏，都有位象伕牽著神廟裡的大象到碼頭邊幫牠洗澡。大象躺臥在河床上，儼然成了比四周更黑、更突兀的石塊；象伕一面刷洗，大象的鼻子一面昂揚，就像小狗的尾巴老實地透

露愉悅的情緒。

黃昏的河畔很適合從事各種活動，有人來散步，有人來看大象洗澡，有人在草地上做雙人瑜伽……小望眼尖發現她的室友坐在岸邊讀書，揮揮手打了招呼。她告訴我，那女孩向公司請了七天假，大老遠從東京飛到孟買，再轉搭巴士直奔漢比。整個假期都押注在漢比。
「那豈不是很冒險嗎？萬一不喜歡怎麼辦？」我問。
「反正她不是第一次這麼做了。」
幸虧那女孩押對寶，要是選到與體質不合的地方該有多沮喪！

那天晚上，我們在鎮上唯一的韓國餐廳吃飯。我點了韓式拌飯，小望點了辛拉麵，兩種都各付一碟幾可亂真的韓式泡菜。老闆自豪地透露，泡菜的食譜來自一位曾久居於此的韓國旅客；至於調味料當然不用擔心，可別忘了印度是香料王國。

老闆有位個性早熟的女兒叫做阿比妲，放學後都會在店裡幫忙，她就著一邊燭光寫作業，一旦發現客人離開，便勤快地上前收拾。我們稱讚阿比妲懂事，老闆靦腆回應：「阿比妲的確是個乖孩子。」接著又補充說：「而且今天還是她的生日喔。」

得知消息，我們有默契地使了個眼神，明確交換了某個想法。用完餐後，我和小望一起往鎮上的雜貨店移動。

「該買點什麼當禮物呢？」小望問。
「最好是禮輕情意重、既實用又不會造成壓力的小東西吧。」
「對了！阿比妲剛才在寫作業，不如買文具用品吧。」小望提議。

於是我們在雜貨店挑了幾支筆、一顆「女孩版」的健達出奇蛋，以及一些零食。拎著那袋禮物回到韓國餐廳。

「生日快樂！」

正在收拾桌面的壽星收到禮物好開心，幸福全洋溢在臉上。老闆教我們唱卡納達語的生日快樂歌，我們把剛學會的句子唱成一首歌。全世界的生日快樂歌都是相同旋律，在漢比也不例外。

阿比姐低下頭許了願望。剛滿十四歲的她願望是當英文老師，想把英文學好與更多人交流。我問阿比姐：「妳喜歡漢比嗎？」因為很好奇出生在異星般的地方，每天接觸外國遊客是什麼感受？如果可以選擇，她會不會想去外面的世界瞧瞧？
「當然喜歡啊！你不覺得漢比是個美麗的地方嗎？」阿比姐反問我，不經意殺出一記好球。
「是啊，我也喜歡漢比，能夠生在漢比真是幸運。」我把球接住，輕輕拋回去，並說：「祝妳的願望成真！」

我想，我們的禮物不只是送給阿比姐的童年心靈，也是送給漢比的綿薄心意。

——

轉眼間來漢比已經一週，我在掛蚊帳的房間睡了六晚，連續吃了三天香蕉普里，到蘇瑞許餐廳報到五次，欣賞了四遍日落，在小巷子裡來回穿梭無數次。再賴下去肯定沒完沒了……離開漢比是個見好就收的抉擇，我想在還沒對她生厭之前分手，只記住她美好的容貌，卻沒想到在漢比的美好，只是內心暴風雨前的寧靜。

撞牆期

離開漢比以後的景色越發荒涼，一股直搗大陸核心的氣息格外濃烈。此去朝北，只有一百四十公里外的巴塔米（Batami）適合落腳，除此之外盡是一些小到不起眼的村落。

騎行在乾燥炎熱的德干高原上，大多時間只為了趕路，單調的景色令人毫無興致欣賞，相同的地平線再看也看不出新意。若說途中有什麼新鮮事，當天早上倒是偶遇了一個牲畜市集。

大老遠便看見前方回堵的車陣，以為是交通事故，靠近才發現是個牲畜市集，不僅交易牲畜，也販售農產品、生活雜貨、村民的手工製品，大大小小的攤商錯落在廣場上，管他一頭羊或者一百頭羊都能夠牽來賣。有人開卡車裝卸貨，有人共乘三輪車採買，克難一點的則以機車雙載，由後座的人抱著活跳跳的戰利品。

我實在不該犯下大忌掏出相機，畢竟一旦開了拍照先例，便很難拒絕後面接二連三的請求。起先是一位牽著羊的老兄要我幫他照相，確認過自己上鏡的模樣後，他張開雙肘開路，在萬頭鑽動中找出他的朋友。「攝影師，也幫這傢伙拍張照吧！」拍完照，第二老兄又把隔壁的朋友扯進來，然後隔壁的再把隔壁的隔壁也扯進來……要求拍照的人如雪球般越滾越大。這群人自己想入鏡就算了，竟然還把牲口當作道具，有的把雞抓在手上任其掙扎，有的把羊抱在懷裡四腳朝天，簡直把市集當作露天攝影棚。

才一大早，我的親切額度已消耗殆盡。有時候覺得自己好像一顆反覆充電、放電的電池，蓄電能力已隨循環次數漸漸衰退，起初或許還能和陌生人瞎耗半天，但現在不到一個小時就沒電了。重點是，電池不能夠隨意更換，除非我換掉整個身體。

遲來的午餐在小村落裡解決，同樣引來一群村民圍觀，坐隔壁的那位略懂英文的大叔顯然不懂察言觀色，一直纏著我聊天。他說他是個喜劇演員，在附近的學校兼差教戲，或許是打算把有教無類的精神貫徹在我身上吧，說著說著，開始揮舞肢體教我說卡納達語。更多村民聞風而至，擠不進來的人乾脆貼在窗外看戲。大叔說一次，我複誦一次，發音準確時觀眾不約而同地搖頭晃腦，發音失準時必定引起哄堂大笑。

「該適可而止了吧。」我在心裡抱怨，行徑卻表裡不一。本來只想安靜吃頓飯，並不打算配合這齣喜劇，但頭都洗下去了，只好把它演完。唉……這也是旅行的家常便飯，有時你不得不隱藏冷漠，佯裝親切，你若不想令誰失望，難免得委屈自己。有時多希望自己能夠徹底隱形，最好腳步沒有重量，關節沒有摩擦聲，身體突然失溫，脈搏輕得像老鼠的心跳。

從村莊脫身後，跟著導航指引拐進一條鄉間小路，眼前忽然一整片向日葵花海蔓延開來，就像一片黃、綠交錯的海洋。我停下腳步，想摘下墨鏡欣賞，卻一個手滑讓墨鏡落到地上。撿起墨鏡，拍拍灰塵重新戴上，就在此時，墨鏡「啪」地一聲從中間應聲斷裂……或許是這支夜市買的便宜貨（一百盧比）經不起長期曝曬，也或許是我用力過頭，總之墨鏡斷了，像我的耐性一樣斷了。沒有了它，教我如何直視赤辣的陽光，更重要的是，教我如何迴避他人的眼神……

我氣急敗壞地咒罵自己，乘著那股氣將墨鏡用力扔掉。可是才往前騎沒幾公尺，又自知理虧地調頭，將斷掉的墨鏡拾起。

——我到底在幹什麼？
——我幹什麼在這裡？
——這裡究竟是哪裡？

——

這天投宿在一間印度廟旁的香客大樓，價錢講好了，車子也停妥了，但門一打開，我愣了好幾秒——房裡頭空無一物，任何能稱作家具的東西都沒有，名符其實的家徒四壁。

面對空蕩的房間，我將搜出的兩張草蓆疊在一起充當睡墊，套上所有衣物禦寒，儘管如此，地板還是硬得我腰痠背疼，寒風依然冷得我錐心刺骨。不確定睡了多久，又是否真正入睡？只記得作了一個關於活屍的夢，好多殭屍追趕我、撲向我，將我團團包圍，逼到角落，然後……鬧鐘在關鍵時刻出手救援。

五點半，又一個漆黑的五點半，為了這一天的漫長路程，越早出發才能越早收工。偏偏這天盡是上坡和逆風，集結兩種我最痛惡的條件，無論如何用零食犒賞自己，多抽幾根菸，增加休息頻率，都無法遏止心底旺盛的負能量。我感覺身體深處被漢比暫時壓抑的浮躁漸漸膨脹，橫在眼前的不再是平坦的路，亦不是惱人的上坡，而是一堵厚實的高牆，我嘗試衝撞那堵牆，但那堵牆如同有生命般不斷增生，不飛吹灰之力就將彈我回來。

一直撞牆，一再撞牆，明知是浪費力氣，卻沒有饒恕自己的意思。

我倔強地踩、偏執地踩，直到踩破了當日的一百公里，以為突破了高牆，卻忽然遭遇來自後方的襲擊——來不及反應，也搞不清楚怎麼回事，只知道有股力量啪嗒啪嗒地打在我身上。待一切回歸平靜，我看見一輛嚴重超載的農車笨重地經過我，突出車體的甘蔗葉猶如一把大刷子，打在我身上的就是那些東西。

我氣得破口大罵：「Fuck you！ Fuck you！ Stop the car！」聲音被引擎聲蓋過。我死命追趕，想逮住那個白痴駕駛理論，可是上坡和逆風都是幫助凶嫌逃脫的共犯，就算用盡全力也沒能追上。眼看農車變得越來越小……我只能對著天空咒罵發洩：「真是夠了！我恨透你們印度人。你們全是白痴！好奇心過盛的白痴！不長眼的白痴！沒素養的白痴！又黑又醜的白痴！」我用盡歧視和刻板印象咒罵他們，最後再將矛頭指向自己：「我恨透單車旅行了，我才是白痴中的白痴！」

歸屬感？

難得睡到十點，醒來時眼前一片漆黑。室內的燈尚未點亮，而唯一的對外窗又在廁所內側，一旦闔上廁所的門，房間就成了密室，阻絕了光，也阻絕了街上的喇叭聲。

意識到時間已晚，我慌張彈坐起身，心想糟糕了上午已過去一半，可是只要聚精會神，就能想起人已在比賈浦爾（Bijapur）。

連續兩天騎了將近三百公里，漢比已被遠遠地甩在後頭，昨日傍晚拖著疲憊的身軀住進這間旅店，一心只想趕快洗淨灰頭土臉，好好休息。我試著打開水龍頭紅色的那邊，沒想到真的流出舒服的熱水。一晚兩百盧比的住宿竟然有熱水淋浴，奢侈到令人不敢置信。

如久旱逢甘霖般，我在廁所裡傻笑不止，一勺接一勺，一勺又一勺地用熱水灌溉自己。沖完澡，擦乾身子，一絲不掛地爬回床鋪，大字型躺著，此時竟感覺到靈魂軟綿綿地向上飄浮，懸掛在天花板上反過來凝視赤裸裸的自己。如果可以，真希望能暫時維持這種軟綿綿的狀態，任心隨意飄浮，去一個更有歸屬感的地方。

———

比賈浦爾與沿途所經的任何地方都不一樣，她更像記憶中炎熱、混亂、脫序、吵雜的北印度城市，就連旅館樓下的大街也恰似加

爾各答的喬林基街（Chowringhee Rd.），有種懷念的既視感。察覺這一點後，我昏沈的意識總算稍稍甦醒；渾沌的街道、糾結的氣味、喧騰的市集……如特效藥般再再刺激我的感官，就好像有位面熟的人搖晃著我的肩膀，激動地說：「醒一醒啊，是我。」

「你是誰？」

「我是你所認識的印度啊，忘了嗎？」

「我所認識的印度？印度是長這樣嗎？」我質疑。

「當然是啊，你要的不就是一個骯髒、失控，以及貧窮落後的地方嗎？喏，我這不就來了。」

「可是我並沒有那麼想啊。」

「不承認也沒關係，總之我已經來到你面前了，你必須接納我。」他的語氣並不強勢，反倒更接近無奈，不然他不會繼續嘀咕說：「真是的，誠實面對自己很難嗎？」

「接納？誠實面對？」我自言自語。說完，那個人轉身奔走，忽然停頓、回頭望，像是在問我怎麼還不跟上。

於是我隨著那身影跑進喧鬧的大街。

——

為了尋找新的墨鏡，我從旅館樓下的商店街一直逛到車站前的集散市集。比賈浦爾果真如第一印象般混亂、失序、飽和；馬路上烏煙瘴氣，喇叭聲不絕於耳。走進市集更令我大開眼界，攤販緊黏著攤販，你家的水果滾進我家的蔬菜，我家的蔬菜混進你家的雜糧。香料店、醬菜店、首飾店、五金行、手機行……一家挨著一家，大市場外還有更多的路邊攤，專賣甜點、堅果、五金零件、奉神的鮮花，以及許多叫不出名字的街頭小吃。

我發現有個賣煎蛋的攤子生意特別好，也跑過去湊熱鬧。排隊的客人把我招呼到前面，熱心地介紹說：「這位老先生在這賣煎蛋已經三十五年了喔。」真不愧是累積了三十五年的絕活，老先生動作看似隨性，其實很有節奏；雞蛋一顆、兩顆、三顆、四顆……俐落地敲進鋼盆，攪散的蛋液在鐵板上煎得滋滋作響。煎鏟鏗鏗鏘鏘敲打，左手撒一把洋蔥、調料，右手擠一點檸檬汁，不管是印度 Style 的法式吐司、偽日系歐姆蛋，或者山寨版中式蛋炒飯都難不倒他。要說老闆是地表上最會煎蛋的人也不過分，所謂「大隱住朝市」莫若如此。

我繼續走，發現另一批圍觀群眾，一群人坐在看台上，對著底下的運動場歡呼——想必是那個——爬上去一看，果然是板球比賽。說到印度的國民運動，第一名絕對是板球，無論在瓦拉納西的窄巷、科欽的草坪，或者阿勒皮的河岸濕地，到處都有人在打板球。球場上，一支業餘球隊對上另一支像是臨時湊齊的路人團隊，兩隊一來一往進行攻防。雖然搞不懂規則，不過外行人看熱鬧依舊有趣。

比賈浦爾的氣氛果真不同，難道是古代伊斯蘭王朝殘存的剛烈骨子，或者德干高原人的草莽野性所致？雖然不明實際原因，不過，倘若細心觀察，也該留意到旅行路上的漸變了吧？尤其是從南向北，從海岸到內陸的先後差異。我的感官可是清楚記載了那些改變，例如空氣的溫濕度、食物的調味、語言的腔調、日升日落的時間……都隨著一步一步前進而變化。想起誰曾說過，若要理解印度，可試著以「歐洲」作對比。意思是，假設印度諸邦自成一國，各擁各的語言、種族、歷史、文化……（事實上亦如此），但總體上遵循一套核心制度，不正和「歐盟」有些許類似嗎？印度之大，若用單一文化概念解讀她，可就大錯特錯。

再次確認地理位置，原來我已身在卡納塔克邦的邊陲，距離馬哈拉施特拉邦（Maharashtra）僅一步之遙，正準備跨越邊境。這麼說來，那種有別於以往的氣氛或許是來自北方的氣息。我漸漸呼吸到「南方以外」的味道。

在比賈浦爾連續待了兩天，預計停留第三晚的想法被突如其來的念頭打斷——「接納與誠實面對」，腦中一直盤旋著那句話。我一面反省何謂誠實的旅行，一面思索何謂接納。想著想著人已經來到了巴士站。

「您好，請問這裡是否有開往奧蘭卡巴德（Aurangabad）的巴士？」

「有啊，很多班，看您要搭乘幾點的。」

「是這樣的，因為我騎單車旅行，想先確認是否能把車帶上。」

窗口裡的大叔低頭研究班次，然後說：「這樣恐怕只能搭五點半的車，單車能放在車頂。」

「車程大約多久？」

「隔天清晨六點到站。」

也就是夜巴的意思囉。清晨六點雖早，但不算壞，至少不必摸黑。

「對了，您的腳踏車呢？」對方探頭找不到東西，於是問。

「還放在旅館。」

「五點半，帶著車子一起來找我，我會為您安排。」

我決定誠實面對自己的心聲，搭巴士北上；我決定接納自己的軟弱，避開前途可預期的荒涼。作弊就作弊，偷懶就偷懶吧，此時此刻我只想盡快往北移動，去呼吸更多熟悉的空氣。那裡或許有歸屬感的所在。

D段──大都會

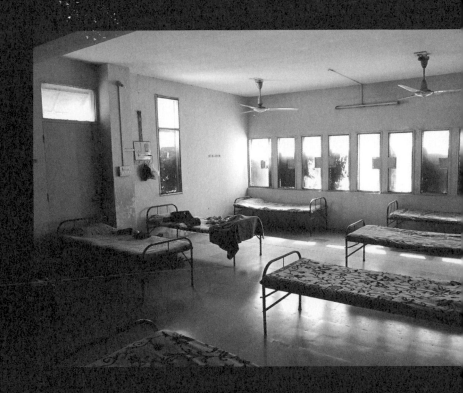

夜巴之旅

下午五點半來到車站，售票窗口的大叔正在準備交接，他從玻璃窗的那側示意我等著，並從身後的小門繞了一圈出來。大叔帶我到月台中間的櫃檯，向應該是領班的人說明原由，領班皺著眉頭核對時刻表，似乎發現哪個環節出了錯，兩人一陣嘰哩呱啦，又豁然開朗。

「沒問題了，你在這兒等著。車子來的時候這位先生會通知你。」
「真的非常謝謝您。」我對售票大叔說。
「您還會回來比賈浦爾嗎？」
「應該不會了，帶著它很難走回頭路。」我指著單車。
「我已經在這工作十一年了，如果您有機會再來，請記得來看我。」我喜歡他在說這件事時的自傲神情。
「當然。」我說，並非隨口答應。雖然知明可能性微乎其微，但假若哪天再訪比賈浦爾，我絕對會兌現承諾。不知道為什麼，我相信他會堅守崗位一輩子。

下班的尖峰時段，巴士站人潮川流不息，好幾次巴士尚未停妥，旅客已急著把行李從窗戶扔進去佔位，再爭相擠上車。半小時過去，我的巴士遲遲未現身，該來的沒來，倒是引來許多好奇人士——反正等車閒著也是閒著，不如八卦一下這個黃種人底細：你從哪來啊？要去哪裡呢？來印度幹嘛？結婚沒？車子多少錢？我不耐煩地揮揮手把他們趕走，卻換成牛跑來湊熱鬧，但不是對我，而是對我的單車情有獨鍾，牠盡情舔著輪框、避震器，舔完

還撒了泡尿。

又過了半個小時巴士才來。

「謝天謝地，終於能夠擺脫這群惱人的傢伙。」我嘟嚷地抱怨著。誰知老天爺偏偏要在這時候給我上一課，祂經常設下許多勸世地雷要我去踩。那些被我咒罵、抱怨，巴不得快點打發走的烏合之眾，到頭來卻是主動借我一隻手的熱心人士，沒有他們幫忙，憑我一己之力絕對無法將車扛上車頂。我慚愧極了，心情矛盾地與眾人握手、擁抱，還不忘拍照留念。

你說印度是否令人又愛又恨？劇情總是在最後一頁逆轉。

——

巴士在暗夜中奔馳，窗外失去光亮，城鎮之間空無一物，唯有陣陣催促的引擎聲。我能感覺車子正在爬坡，左彎、右彎，拐了無數個大角度的彎，不禁令我擔憂捆在車頂的單車是否安在。入夜後的空氣越發冰冷，寒風趁隙溜進車窗，填補乘客與乘客間的空隙。我一定是太久沒搭夜巴忘了做禦寒準備，只好努力縮緊身子。待身體慢慢適應顛簸後，意識也跟著搖晃入眠，後來將我喚醒的反倒是無聲無息的寂靜。

巴士熄了火，停在一排小店前休息，這種三更半夜營業的店專門服務過路的夜巴。柴火上，一只大釜不停滾著熱牛奶，牛奶加了蔗糖，熬成了淡淡的焦糖色。一旁黑漆漆的草叢即是乘客的露天廁所，內急的人隨便挑個空地大小解，反正光照以外的地方伸手不見五指。乘客喝完牛奶，解過內急，車子繼續上路，依時間看

來大約還有一半路程。

之後的路無比順暢，除了偶爾下上乘客，幾乎是勇往直前、飆風奔馳。司機超車超上了癮，彷彿不找點刺激就會打瞌睡似的。他先連按幾下喇叭警示，然後方向盤大力一轉，信心滿滿地吃下對向車道，接著他把油門踩到最底，速度快得整台車瘋狂震動，發出喀啦喀啦快解體的聲音。直到我們超越前面（其實不慢）的老爺車，他才一個勁甩回來。拼命趕路的結果下，巴士硬生生提早了兩個小時到站。這下可好，「不必摸黑」的如意算盤被司機打亂，天寒地凍的凌晨四點要我何去何從？

付給幫忙扛單車下來的苦力二十盧比小費，牽著車到旁邊的舖子點了杯熱奶茶。黑夜籠罩巴士站，等待黎明的旅客在候車棚下或坐或躺，面對內陸氣候的日夜溫差，有備而來的人無不裹著厚實的披毯。我冷得上下排牙齒直打顫，用顫抖的聲音向老闆打探住宿情報。

「喔，這間青年旅館，我知道啊。」老闆邊煮奶茶邊回答。
「你認為有這麼早開門嗎？」
「不確定，但機會不大。」
「這樣啊，那就只能等了。」
指南上說奧蘭卡巴德有間邦營青年旅館，按資訊七點才開門，還有三個鐘頭……

等了一個多小時，終於冷得受不了了，與其枯等，不如動一動暖身。於是我將久未使用的車燈裝上，確認方位後啟程。奇妙的是，齒輪一轉動，時間彷彿也跟著動了起來，晨曦從城市的天際線慢慢滲透，爬過建築物後再流過街道，如同每一次在清晨離開的光

景，但這一次是「抵達」。

按圖索驥來到青年旅館，外觀比想像中氣派，大門外有位老人佝僂著背在清掃落葉。我如鬼魂般默默飄進大廳，發現空無一人，又回頭找那位老先生。
「請問這裡是青年旅館嗎？」我問。
「這裡是醫院。」老先生打直腰，指著對面的破屋子說：「那個才是。」

他所指的那棟屋子再怎樣也無法令人聯想到青年旅館，實在太頹敗、太沒生氣了。我推開鐵柵門，走進草木凋零的庭院，試著按大門電鈴，按了兩次。一位被我吵醒的青年出來應門。
「請問這裡是青年旅館嗎？」
「是的。」
「現在能否辦理入住？」（時間是早上六點。）
「當然可以。」他解開繫在門上的鐵鍊放我進去。

辦公桌前，青年取出入住表指示我填寫，問題特別瑣碎，不虧是邦營機構（話說一夜之間我已進入馬哈拉施特拉邦）。我的房間在二樓，單人床位只要一百五十盧比，寬敞的室內左右各擺放五張鐵床，第一眼令我聯想到經費短缺的病院，第二眼讓我回憶起加爾各答的垂死之家。雖然只付一張床的費用，卻是佔領了整個房間，直到退房前都沒有其他旅客住進來。

補了幾個鐘頭的眠，被一陣熟悉的、細碎的聲音吵醒──是中文！是作夢嗎？怎麼有人說中文──走出去察看，發現兩位老婦人一邊嘰哩呱啦交談，一邊繞著旋轉梯上來。直覺想逃，卻為時已晚。她們在樓梯間撞見正要轉身的我。

「咦？是中國人嗎？」其中一位婦人問。

「喔不，是台灣人。」

「哎呀，會說中文的啊。欸欸欸，妳來看這兒有會講中文的小伙子。」隨後上來的另一位婦人接話：「真是太好了，小伙子來幫個忙，我們英文不行，表格填不了。」

「助人為快樂之本」，當然沒有推諉的道理。殊不知這一幫忙，就得好人做到底了。

花甲背包客

代填入住資料時得知她們一位叫萬雲華，一位叫聞昆弟，分別來自雲南和廣州。兩個英文不通的背包客來印度自助旅行已經夠驚奇，更令我訝異的是，萬姐已年屆耳順，聞姐都從心所欲了，論年紀都夠格當我祖母。問題來了，兩位花甲背包客哪兒不去，怎麼會掉到這兒？

原來她們參考和我一樣的情報而來——一本名叫《行遍全球：印度》的「過期」指南（原版為日文的《地球の歩き方：インド》），上面所有住宿就這間最便宜。「所以我們從車站打個三輪車就過來了。」萬姐說。

協助兩人辦完入住手續後，她們便急著出門，說要去埃洛拉（Ellora）。
「小伙子，要不一道去吧？」萬姐提出邀約。
「現在嗎？」
「是啊，今天去埃洛拉，明天去阿旃陀（Ajanta）。剩下還有一個什麼來著？」
「沒有了，附近就這兩個。」
「有、有、有……還有一個很大的遺跡啊。」
「小泰姬瑪哈陵？」
「泰姬瑪哈陵（Taj Mahal）在阿格拉（Agra）吧。」
「我當然知道。不過在奧蘭卡巴德有一座仿建的，您在說那個吧？」

「不是不是。」萬姐堅決說不是，語氣透露出性格上的「頑固」和「急性子」。

「哎呀，回來再翻圖片給你看唄。」她急著結束對話，朝雙人房扯嗓門大喊：「老太婆，妳好沒，再遲就要關門啦！」此時聞姐才從房間提著背包姍姍現身。

於是兩人出門去了埃洛拉。

——

來奧蘭卡巴德的旅客無非是衝著鄰近的兩處洞窟遺跡，以佛教為主的叫做「阿旃陀」，融合佛教與印度教風格的為「埃洛拉」，兩者皆在一九八三年登錄為世界文化遺產，是印度最早登錄世界遺產的地點。時間有限的旅客通常選擇包車一箭雙鵰，行程鬆散如我，一天一個遺跡已是極限，況且我只打算將旅費投資在年代較久遠的阿旃陀，埃洛拉就隨它去吧。

奧蘭卡巴德本身是個單調的城市，除了勉強可做號召的小泰姬瑪哈陵外，毫無其他噱頭可言，即便是觀光飯店周邊也生氣缺缺，旅客早出晚歸，只把她當成睡一覺的地方。我出門逛了一圈，覺得意興闌珊便早早歸巢。一個人坐在空蕩的大廳裡喝牛奶時，兩老正好踏進門。

「咦？不是要去埃洛拉嗎？怎麼這麼早回來？」我問。

兩人一進門就開始抱怨：「小伙子，你知道嘛！今天埃洛拉沒開，大老遠坐車到門口結果進不去。」發言的通常是年紀較輕的萬姐，在旁陪笑的則是年紀較長的聞姐。

「怎麼會？」

「他們說星期二沒開。」

我翻開旅遊指南，上面果真寫著：星期二休園——未免太不注意了吧！因此兩人又默默被我貼上「少根筋」的標籤。

話雖如此，兩老結伴自助的勇氣依然令人欽佩。據說她們是相識十年的舊識，一起自助過大陸諸省、泰國、斯里蘭卡、尼泊爾等地，可謂經驗豐富的組合，這回初來印度，一路上發生了許多聽者好笑、當事人卻哭笑不得的荒唐事。猶記得萬姐對我抱怨：「旅行從沒這麼辛苦過，就印度最辛苦。」閩姐在一旁點頭如搗蒜。

她們剛下飛機就被騙得團團轉，在德里花兩千盧比買了張電話卡，移動到阿格拉時才發現錢被店家私吞，卡片根本沒加值。屋漏偏逢連夜雨，偏偏在手上的盧比所剩無幾時遭遇「廢鈔事件」，兩人用破英文到銀行求援，與擠兌人潮一起排了數個鐘頭的隊，甚至跟著學狗爬進半降的鐵捲門才換到鈔票。說著說著，閩姐把藏在腹部的暗袋翻出來，掏出一把鈔票說：「你看，辛辛苦苦換來這些，剩下的美金還不知該怎麼辦咧。」

「大姐，錢財不露白啊！」見閩姐大喇喇地掏錢，我趕緊請她收好。「錢的事人人水深火熱，我有法子一定幫忙。」

買東西被騙、搭車被繞路、住旅館又被坑，你說這兩人究竟如何順利玩到這？然而旅行說穿了不就是一場異地的生存遊戲，搞不好正是那些特質使她們傻人有傻福，誤打誤撞闖過每一關。我想她們身上一定有某種阿 Q 精神，在我眼裡看來冤枉的交易，在她們眼中未必不是賓主盡歡的銀貨兩訖。

——

隔天，應兩老之約一起去了阿旃陀。

與兩人的約會既準時又有效率。清晨四點鬧鐘響起，四點半集合完畢，五點走到巴士站，搭上五點半出發的車。才七點半，我們已隨巴士搖搖晃晃，晃入園區。

歡欣出遊之日，聞姐卻狂鬧肚子，使得原本就少話的她變得更安靜；反觀萬姐倒是精神奕奕，興奮地像個大孩子，完全靜不下來。我發現萬姐有個「同句話至少說三遍」的毛病，像她叨唸聞姐吃壞肚子的事就肯定超過三次。
走路的時候⋯⋯
「我說啊，昨天就叫妳別亂吃那個雞。」
吃早餐的時候⋯⋯
「來來來多喝水，吃清淡點。哎喲⋯⋯我說一定是那個雞害的。」
管不住嘴巴的時候⋯⋯
「老太婆啊，我就說那個雞不衛生。」
雖然真相永遠只有一個，但兇手應該不是「那個雞」，因為她們昨天把剩下的雞飯分送給我，我吃得津津有味，依然頭好壯壯。

此外，萬姐還有個「喜歡對印度人說中文」的毛病，不管對方懂或不懂，自顧自地說個不停。有時我看不下去會跳出來翻譯，但更多時候我選擇從旁看戲。可是說也神奇，明明是不同語言一來一往，雙方竟然能順利溝通。實在厲害！

參觀阿旃陀相當耗神與耗體力，大大小小的石窟緣著馬蹄形的河谷分布，綿延約莫一公里，洞窟內雖有涼蔭，洞窟外卻酷暑難耐，途中還得不停上台階、下台階，脫鞋、穿鞋。從一號窟隨意逛到二十八號窟少說也要兩個鐘頭，若細心觀賞每幅壁畫，至少得待

上整天。

鬧肚子的閏姐參觀到一半已宣告投降，決定留在離公廁最近的樹下待腸胃的命。少了閏姐可以嘮叨，萬姐自然把重心轉移到我身上。一開始實在不該雞婆扮演嚮導，畢竟我的三腳貓解說也是邊看書邊對照來的。萬姐大概以為我懂的多，一直揪著我發問：「這尊是什麼佛啊？那尊呢？」「欸，這些小洞是幹啥用的？」「小伙子，你說古人到底怎麼爬上去作畫的咧？」——鬼才知道！

後來我們跨到河谷對岸，回眺馬蹄形的谷地，萬姐突然嚷嚷說：
「小伙子，不是這裡，真的不是。」
「什麼不是啊？」沒頭沒尾的不知在說什麼。
「我在書上看到的不是這裡，估計還有一座更大的廟。昨天跟你提過啊。」我早忘記昨日的對話，沒想到她在執著那件事。
「我只知道這裡，看點就是對面的馬蹄形河谷。」
「不是不是，真的有！」我有點不耐煩了，懶得爭辯，放任萬姐繼續碎念、往更深處尋找她口中的巨大遺跡。

我取出包包裡的乾糧，倚著欄杆上吃起來。據說此處就是當年英國士兵約翰史密斯（John Smith）發現阿旃陀的第一現場。約翰當時在山上打獵，他發現對面的崖上有隻老虎，朝牠開槍，可惜子彈射偏了，老虎受驚一躍而下，消失在藤蔓滿布的岩壁之中。「難道岩壁裡別有洞天？」約翰心想。此事很快地傳到海德拉巴藩王耳裡，藩王一聲令下剷除藤蔓，終於使被遺忘千年的佛教瑰寶重見天日。拜密林庇護所賜，洞窟內保留了完整精緻的壁畫，其中最早的石窟可追溯到西元前二世紀，論歷史價值更勝敦煌的莫高窟。

讀完故事，萬姐正好歸來，心灰意冷地說沒找到傳說中的大廟。當然找不到啊，因為根本是烏龍一場。她信誓旦旦指著書上的圖片卻被我澆冷水：「萬姐，那個是埃洛拉啦！妳們昨天沒去成的埃洛拉。」
「不可能。沒道理呀。」
「喏，不信你看。」我翻到標題那頁，上頭確實寫著大大的「埃、洛、拉」。
「哎呀，原來是搞錯了。」
「不是早告訴妳了嘛！」

雖然內心偶有抱怨，雖然與兩老行動綁手綁腳、耳根不清淨，但必須坦言，她們依然是超棒的旅伴。她們比起那些蒐集許多國家就走路有風的旅人；自認深度旅遊的裝逼咖；嫌東嫌西，挑三揀四的優越人士；這個不敢，那個不行的嬌嬌客；橫衝直撞、不顧後果的死屁孩；以及凡事斤斤計較、一毛不拔的窮遊者……都更好相處。兩人沒有上述那些毛病，不過是單純喜歡遊山玩水，憑著傻勁勇闖天涯的花甲背包客。而且，更無法否認的是，我在她們身上感覺到類似親情的投射，使我憶起某些過往……

答應幫忙解決換錢的事義不容辭。回到市區後，我們趁天黑前四處尋覓換匯所。青旅附近正好有間黑市，可惜來晚了，老闆說當天能兌換的盧比額度只剩五十美金。

「先換再說吧。」總務股長聞姐再次亮出腹部的暗袋。

「但是這些錢夠你們撐到孟買嗎？」我問。

「看著辦囉，走一步算一步。」萬姐回答。

我陷入天人交戰，猶豫該不該把身上一路籌措、囤積的盧比貢獻出來。「算了吧，不過是短暫的緣分，沒必要做到這種地步。」我心想。天曉得下一秒，我的口竟然背叛我的心……

「不如這樣，我還有一些盧比，先換給妳們如何？」我提議。

「小伙子，真的沒問題嗎？你的旅途不是還很長？」

「換個一百美金應該無妨，反正我打算多住一天，明天再來碰碰運氣不就得了。」

「太感謝啦！小伙子真是幫了大忙。」萬姐開心地說。

「是啊是啊，謝謝你。說到底，人果然要有錢才有膽啊。」聞姐接話。看她如釋重負，腸胃好像瞬間康復似的。

人要有錢才有膽？原來如此！在此之前我從沒想過「金錢」與「膽量」的關聯性，這麼說來我算是把膽借給人囉，而且還是價值一百美金的膽量。說也奇怪，明明只是對等的交易，雙方卻好像都得到比原價更貴重的東西。

那天晚上，兩老匆匆坐上三輪車往車站去了，她們要去傳說中更巨大、更混亂的大都會孟買。我目送兩人拎著大包小包擠進車子，再三向司機確認過車資才放行。

再見了，兩位一期一會的旅伴。由衷祝福你們永遠安康。

Sai Baba Ji

從青旅的小老闆那裡得到不錯的一手情報，他建議，若要從奧蘭卡巴德西進孟買，不妨在途中的舍地（Shirdi）稍作停留。

「你知道『賽巴巴』（Sai Baba）嗎？」他問我。

「聽說過，但不清楚。」

「舍地是賽巴巴的辭世之地。每年有千萬信徒前往朝聖，你到那裡可以借宿在靜修院。」

———

任誰都很難錯過通往舍地的路，一是沿途的分岔很少，二是賽巴巴的臉即是再明顯不過指標。越接近舍地，賽巴巴的肖像便接二連三冒出來，無論餐廳、茶攤、雜貨店、旅館……到處都能看見賽巴巴，簡直像來到只有一人參選的選區，到處都是同一位候選人的造勢宣傳。可是賽巴巴究竟何許人也？為何被製成海報、看板、塑像，並接受萬人膜拜？

嚴格來說，「Sai Baba」只是尊稱，意即「神聖的長老」；有關祂的事蹟大多經由口述和傳說，沒人知道祂的真實姓名，或來自何方。但此人也絕非憑空蹦出來的虛構人物，據說舍地的賽巴巴是神猴哈努曼神的轉世分身，為賽巴巴二世。祂在十六歲時突然現身舍地，過著有別於常人的苦行生活，當地人一度認為祂神智異常，甚至把祂當過街老鼠驅趕。

這位怪咖經常在苦楝樹下打坐冥想、頻繁出入當地的印度廟和清真寺，祂在清真寺裡朗誦印度教的《吠陀經》，在印度廟中唱伊斯蘭教的《可蘭經》，藉由這種反其道而行的方式祈禱兩方的和平。久而久之，此等中立精神不僅獲得雙方信徒的敬重，更在實質上促進雙邊和諧。或許是終於認定了祂的轉世身分吧，賽巴巴辭世後，印度教和伊斯蘭教徒都爭相膜拜這位聖者，為祂樹雕像、蓋大廟，舍地更因此成了兩教信徒的共同朝聖地，這種事在印度可說是前所未聞。

而後賽巴巴的事蹟自舍地向外擴散，遍及全印度，以及鄰近國家，使得原本寧靜的小鎮搖身變成數百萬、千萬信徒的朝聖中心，據說每天至少有兩萬人，節慶時甚至超過十萬人不辭千里而來。是故，誰也不會錯過通往舍地的路，因為除了賽巴巴的肖像外，更有無數朝聖者的身影，只要跟著那群人的方向去就對了。

我騎到「賽巴巴廟」附近的靜修院，一個俗稱「500 Rooms」的地方（大概因為房間多達五百間）。大門警衛暫時放下手邊工作熱情招呼，向我說明入住流程：首先，必須在右邊櫃檯排隊填表，再到左邊櫃檯付費。住宿費極便宜，正確來說是免費，只須視個人需求支付「置物櫃使用費」或「床墊租借費」（另有一百盧比住宿押金）。大門警衛完成階段性任務後，把我交接給另一位同樣熱心的樓管，那個人帶我走進主體建物。

住客大樓由一連四棟五層樓高的建築物構成，圍出一座有綠地的中庭花園，男女老少在中庭草皮上曬太陽，修剪整齊的矮樹叢成了臨時曬衣場。繞著方形走道，樓管指著轉角處的排隊人潮說：「那裡是食堂，吃飯免費，但務必留意供餐時間。你也可以喝杯茶或咖啡，一杯只要兩盧比。」

我們繼續走，最後在 B、C 兩棟夾角的「B／C 宿舍」停步。我的住房在該棟大樓的一樓，入口左邊是通舖間，右邊相對位置則是公共浴廁。大房間裡除了一張辦公報到的辦公桌外，還有好幾組貼牆擺放的置物鐵櫃，我用鑰匙打開屬於我的最底層櫃子，裡頭有兩、三隻蟑螂，牠們見光停頓了半秒，彷彿在責備我忘記先敲門，才驚慌逃竄。

若你小時候也曾懵懂地跟長輩參加過進香團，那麼住進這間「香客大樓」肯定會喚醒你某些童年記憶。大房間沒有床，房客席地而睡，聒噪的家庭進進出出，小孩在大廳興奮奔跑；公共浴廁被人不間斷地使用，設備缺的缺、壞的壞，就像大型活動的流動公廁般有各種令人敬而遠之的角落。

傍晚時分，人潮不斷往賽巴巴廟湧去，我花了二十分鐘從黃昏走進黑夜，寺廟外牆已亮起延綿不絕的燈泡，彷彿在預告徹夜不眠的決心。

寄了鞋，通過安檢門，循著長長的通道進到大廳，大廳內早就被信眾們卡位佔據，粗估約有兩、三百人，要是當時知道那些人僅是所有朝聖者的冰山一角，我一定毅然決然打退堂鼓，可惜為時已晚……打從加入隊伍開始，後方積累的人潮從未止歇，簡直像細胞再生似地一個生成兩個，兩個再分裂成四個；信眾不分男女老幼，有的是一家之主扶老攜幼，有的是情侶檔、兄弟姊妹、三五好友、左鄰右舍（？）……明明是週間的夜晚，這些朝聖者究竟從哪裡偷閒跑來？實在令人納悶。

過程中不時出現一隊又一隊的朝聖團體，帶頭的人手捧賽巴巴的照片或聖像，引領身後大張旗鼓的信眾。每當這類朝聖團出

現必定為現場帶來狂熱，他們不吝情炒熱氣氛，激狂地吶喊：
「Sai Baba Ji！」「Sai Baba Ji！」「Sai Baba Ji！」（「Ji」是對
景仰者的稱呼方式）。眾人有默契地在「Sa-I-Ba-Ba-Ji」後面接應
「Hey！」的一聲，歡呼聲鼓舞了群眾，音波在室內產生嗡嗡的
共振，不知情的人還以為「Saibaba」是一支棒球隊。

跟著人龍緩步移動，接觸到大廳盡頭，折返，再緩步移動至另一
頭，再折返。工作人員貼心備了茶水為信眾解渴，每隔一段距離
發送一杯奶茶或咖啡；頭頂上的巨大電扇盡責地旋轉著，努力把
熱空氣捲出去。

四十分鐘過去，終於接近一扇小門，原本兩兩並排的隊伍有秩序
地延展成一行準備通過。我天真地以為，門後面就是朝聖之路的
終點，沒想到門的另一邊竟是另一群密密麻麻的信眾！換言之，
不過是從比較大的 A 廳擠進一個較小的 B 廳罷了……

「饒了我吧。」我在心中哀號。「抱歉啊，其實我不是賽巴巴的
信徒，只是來湊熱鬧而已啦。」可是為時已晚，前顧後望都是人，
根本進退兩難。

「Sai Baba Ji！」
「Hey！」
歡呼聲又響起。

「Sai Baba Ji！」
「Hey！」
信眾的熱情有增無減。

「Sai Baba Ji！」

「Hey！」

另一個四十分鐘過去……

我再次引頸企盼，卻看見一段筆直向下的階梯，朝聖者遁入幽閉的地道中碎步移動，前胸貼別人的後背，肚腩頂撞他人的腰。有股煩躁的氣氛蠢蠢欲動，但騷動並未持續太久，因為樓梯向下、再向上之後，煩躁的氣氛很快被「終於要來了」的期待感取代。疲憊的信眾們忽然精神一振，又開始喊著：「Sai Baba Ji！」

果然，樓梯盡頭就是傳說中的聖像廳，廳裡全是黃色鮮花、黃色布幔、黃色燈光……滿滿的黃色調。一尊披著黃色絲袍的象牙聖像被供奉在正前方的平台上，小小的雕像隱隱散發著白光。

通往賽巴巴聖像的最後一哩路即在眼前，我卻在此停下腳步。我想，到這裡就夠了，手上既沒有鮮花也沒有供品，更不是賽巴巴的死忠粉絲，充其量只是好奇的觀眾，遠觀即可，沒有必要更靠近。於是我停在原處，默默觀察信眾的一舉一動。那些排了兩個多小時、總算來到賽巴巴聖像前的信徒們，最終只獲得短短十秒的近距離瞻仰，他們把鮮花和供品交給廟公代為奉上，用騰出的雙手膜拜、磕頭，便匆匆離開。

「兩小時」與「十秒鐘」，強烈的對比說明了信眾的虔誠。我這輩子從未見過如此強大的凝聚力，彷彿見證了一段生生不滅的循環，不像在哈里德瓦（Haridwar）的昆布美那節（Kumbha Mela）那般集中式的爆發，而更像細水長流的精神灌注，每一天、每一夜……

回到靜修院，我秀出在聖像廳得到的口糧，對樓管炫耀說：「喏，要不要嘗一點呢？排了兩小時的戰利品喔。」

「哇，只排兩小時嗎？你真是幸運吶。通常要排四到五小時呢。」

「什麼？開玩笑的吧！」

「是真的。如果是旺季，最好做好在裡頭過夜的心理準備，有時一排就是半天喔。」幸好我不是在旺季誤打誤撞前來，幸好我尚有靜修院的一隅之地，不必在廟裡激情守夜。

拖著租借的發潮睡墊，在人與人之間找到一個空位，與眾人一起打地鋪入睡。那是個很冷的夜，幾度冷得醒來，發現所有人躲在被子裡睡得香甜。說也奇怪，明明無人醒著，卻有許多聲音在耳邊迴盪……

「Sai Baba Ji ！」

「Hey ！」

「Sai Baba Ji ！」

「Hey ！」

「Sai Baba Ji ！」

「Hey ！」

Fly Over

離開舍地以後，抵達孟買之前，我過了難以名狀的兩天兩夜。

是這樣的。人在舍地之時，我試著發出幾封沙發衝浪請求，最終收到一封肯定的答覆，對方是住在納希克（Nashik）郊區的年輕男子，說是家人恰巧不在，能短暫收留我一晚。我計畫在舍地與孟買之間設下兩個錨點，其一即是納希克，而今有了明確的住宿地，行程也更了然安心。

清晨五點半，好不容易稍稍熟睡，卻被舍監輕輕搖醒。睜開眼，發現周圍的人都在收拾東西——不是才五點半嗎？為什麼大家都在打包？我來不及搞不清楚狀況只能先跟著行動，東扛一包、西拎一袋，狼狽地搬出宿舍。

天方未明，中庭裡聚滿扛著行李的人，猶如突遇大地震而逃到戶外避難似的。確切原因不詳，總之大概是五點半必須清場，但為什麼非得這麼早就不得而知。我喝了杯咖啡壓壓驚，為了使頭腦更清醒，又喝了第二杯。

「Sai Baba Ji ！」
「Sai Baba Ji ！」
「Sai Baba Ji ！」

信眾的吶喊彷彿還在耳邊繚繞。回神時，已在前往納希克的路上。

西行，意味著路線正慢慢脫離德干高原往海的方向去，賽巴巴的魅力無邊，一路盡是與我反向行進的朝聖隊伍。他們究竟從哪裡開始徒步？又徒步了多久？人群一直綿延到百公里外的納希克，那是我花一個白天才騎到的地方。

透過 WhatsApp 與沙發主人取得聯繫，對方讀了訊息出來巷口接風。暫時借住的家是一棟位在市郊的白色透天厝，外觀雖稱不上氣派，但屋內乾淨舒適，維持得一塵不染。從客廳到廚房、從一樓到二樓、從廁所到阿南德的房間，整棟屋子整齊清爽。

個子不高、留著捲髮濃鬍的沙發主人名叫阿南德，他在納希克大學唸理工科，即便每天為作業忙得不可開交還願意撥冗接待，實在感激不盡！不過我後來發現，實情是，阿南德也想找個機會從茫茫課業中喘息，尤其趁父母不在家時放鬆一下，而我就是再合理不過的偷懶藉口。

我們整個下午都在市區兜風。阿南德很喜歡開車閒逛，他駕著老爸的車帶我鑽遍大街小巷，一會兒進行美食巡禮，一會兒拜訪朋友。他有幾位死黨正好從外地返鄉，老友難得聚首不只為吃吃喝喝，平時在家長面前菸酒不沾的阿南德逮到機會越矩，加上我這位共犯，可說一切的放縱都水到渠成。

納希克除了出產品質極佳的葡萄酒，也能輕易取得質優價廉的大麻。酒與大麻，應該不難想像那個晚上有多靡爛吧。眾人聚在阿南德房間開趴，除了阿南德的死黨外，還有兩位中途加入的痞痞少年，幾位都是呼麻高手（如果世界上有這種高手），懂得就地取材變化許多花招，例如用寶特瓶製作水菸道具，或以水桶製造俗稱「深水炸彈」的高濃度煙霧……

儘管大麻在印度不合法，但若是誰沒抽過或接觸過大麻，恐怕會被同儕視為異類吧。曾問過正在大喇喇呼麻的外國遊客：「你知道抽大麻在印度不合法嗎？」對方卻一臉迷糊地回答：「咦？有這回事？」可見大麻在印度並非不能說的祕密。

大麻菸輪過幾巡後，我開始說起「果亞男孩」的故事，分享出來，是想知道幾位大麻高手如何解讀那個謎樣的結局。聽完故事，已經飄飄然的阿南德篤定地說那絕對是騙局，其他人也都舉雙手表示贊同，結果一面倒，但我卻沒有比較開心——真的是這樣嗎？我捫心自問。如果那真的是騙局，落入甕中的老張何以全身而退？如果真的是騙局，老張和他們曾經交換的友誼又該如何解釋？——管他的，思索這些也不會有答案。我把頭埋進那只半滿的水桶，呼氣、吸氣、呼氣、吸氣，直到深水炸彈在腦內緩緩引爆。

睡醒時已經早上十點，太陽穴隱隱作痛。新的一日如常，沒有真假難辨的警察破門盤查，沒有跪地求饒，沒有質疑猜忌，也沒有尷尬的別離。有的只是散場的派對、杯盤狼藉的桌面，以及從兩扇邊窗灑落的和煦日照。睡在一旁的阿南德告知我可以多住一晚，看樣子他打算把考試的事完全拋在腦後。

中午，我們開著車到市中心覓食，再去找死黨們延續昨日的鬼混。鬼混的時間特別快，好像做了很多事，又好像什麼都沒做；時間一下子來到傍晚，與朋友分手後，阿南德忽然提議要帶我去「Flyover」。
「Flyover？」我不懂這個單字，但聽起來像比抽菸喝酒更嗨的娛樂。
「嗯，開車去 Flyover。」他大概以為我懂才沒多作解釋，又接著

說：「不過在那之前，我們能先做一件事嗎？」

「什麼事？」

「就是這個啊。」阿南德取出剩下的大麻，語帶羞愧地徵詢我的同意。

「你打算抽完大麻再開車？！」

「安啦，這點大麻不算什麼，我的技術很好。而且抽完大麻再去Flyover超爽喔！」

「不行不行，我絕不同意，這樣太危險了。『開車』和『大麻』你只能二選一。」

「好吧好吧，我明白你的顧慮。畢竟你是遠道而來的客人。」

沒錯，身為遠道而來的客人，任何麻煩對我來說都是更大的麻煩。

只不過阿南德並未遵守約定；當我們塞在下班的車陣裡，他竟默默地點了一根香菸，不，不是香菸，一聞就知道是大麻的味道。我已經乏力阻止，如果旅程註定有什麼三長兩短，就聽天由命吧。我想。

正當我那麼想時，眼神渙散的阿南德突然語重心長地說起哲理，整個人就像乩童被降駕般語意不清。我約略記得他說：「嘿，你知道嗎？人的一生其實是一部拍完的電影。你聽過這種說法嗎？也就是說，人生的劇本早在出生時就寫好了，該發生的事都已發生，只是誰都看不見未來而已。」他的話呼應了我幾秒前的顧慮，彷彿看透我的心思。

「你說的是科幻電影的情節吧，類似平行時空的概念？」我回應他。

「嗯，或許吧，更正確來說是我的人生哲學。」阿南德說完有些得意——所以他才邊抽大麻邊開車嗎？簡直是歪理嘛！

雖說阿南德的哲學並非什麼嶄新的概念，也不夠獨到，卻不知為何，讓我當下陷入長長的沈思，就好像在某個時間點接收到某個正確的啟示那樣，我很用力地思索：如果人生的劇本早就寫好了，該發生的事都已發生，那麼這一路經歷的種種，多少偶然、多少有驚無險、多少善意惡意，總歸都只是命中註定？如果人生是一部殺青的電影，那生、離、死、別又有誰能夠把握，背後可還有弦外之音？至於我，又要何時才能從家人的離世中釋懷？我好想看見未來。

直到我們經過了幾次高架橋，我才推敲出「Flyover」原來是「高架橋」的意思，難道開車上高架橋兜風是印度青年的娛樂之一嗎？阿南德真的不為別的，只為了開上去，再開下來，如此而已。若套用他的哲學，我們開車上高架橋的這件事也寫在劇本裡嗎？我沒有問他。

「Flyover」，拆開來看是「飛」和「過去」。嗯，我喜歡這個單字。如果有些事能像開上高架橋一樣輕鬆躍過，對底下的事視而不見該有多好；「Flyover」，就像是「快轉鍵」，人生的電影能否也快轉一點？

大麻與酒、城市與高架橋、黃昏與黑夜，我們在看不見結局的電影裡流動，坐在車子裡飛越時光。你所做的每件事、下的每個決定、放棄的每個念頭、勇往的每個方向，都寫在劇本裡了，都寫進劇本裡了……

爆胎

那輛警車停在那多久了呢？可能是五分鐘，或十分鐘。我一定是太專心埋頭苦幹，才連它靠近的聲音都沒聽到，而現在它連引擎聲都沒有，儼然成了一個定置的包廂，呆坐在包廂裡看戲的是兩位路過的警察。至於他們在觀賞什麼呢？當然是在看一位笨手笨手的外國人修理腳踏車。想想真難為情，我已為了突如其來的爆胎搞了將近一個鐘頭，先後經歷兩次失敗還沒搞定，正準備進入第三次抗戰。

兩位警官發現我終於發現他們，互相使了眼神，然後下車。
「遇上什麼問題嗎？」
「沒事沒事，只是爆胎而已，正在修理。」
「需不需要幫忙？」
「沒事沒事，真的沒事。你們可以不用管我。」
兩人再次交換眼神，然後回到車上，但他們沒有離開現場，而是隔著擋風玻璃繼續看戲。

若說爆胎來得毫無預警並不合情，是我沒把早先「啵」的一記悶響放在心上。午餐後再次上路，車子開始以不尋常方式的彈跳，彈啊彈地像在騎洛迪跳跳馬（Rody），我想起那「啵」的一聲，趕緊下馬察看——果然！是爆胎。後輪已癱扁沒氣，宛如被柏油路融化一般。

實在可恨！明明只差幾公里就能安然騎到沙哈浦爾（Shahapur），

卻在這節骨眼遇上爆胎。不過憑良心講，該來的也要來了，一趟長途單車旅行若沒遭遇爆胎，豈不是辜負了行李裡的備胎，以及臨行前的種種預演嘛！換輪胎也是單車旅行者的升級考核之一，合格者才能晉級。

備好換胎工具、攜帶式打氣筒、內外胎，我像個無照庸醫為一匹瘸馬執行手術處女秀。兩個月前的演練早忘得一乾二淨，只好點開預存在手機中的 YouTube 影片邊複習邊操作。手術進行了將近一個鐘頭，先後以兩次失敗收場：第一次遍尋不著找內胎破洞，心存僥倖裝回去，結果還未上路就開始漏風；第二次索性放棄補胎，直接換條新的，眼看外胎也磨得差不多了，乾脆一併更換，結果卻笨到裝錯順向。

廂型警車在我第三次拆裝時出現，不像要伸出援手，亦不像監視，只不過是另一次的好奇心過盛。兩位警察癡癡地望著我，直到我將作業完成，收拾好散落的工具，才跟著發動車子。

「那些東西記得帶走。」他們離開前特地指著被我「暫置」草地上的內、外胎說。
「I Know！」不甘亂丟垃圾的意圖被識破，惱羞地將內外胎撿起來，胡亂塞進馬鞍袋。然而我只是做做樣子，警車走遠就急著幹壞事；往前騎了一段，發現路邊的草叢裡有焚燒的焦跡，大概是誰曾在那裡集中處理垃圾。時機來得正好，我跳下車，扯下內、外胎，如拋鍊球般使勁一甩，兩條廢胎在空中劃了道弧線，準確地落在焦黑的乾草堆上。

未免太反常了，我竟然毫無感觸，面對死去的車胎表現地異常理性，甚至冷酷。就好像拔掉耗盡的電池，再裝上新的，處理征戰

兩個多月的舊輪胎竟然像回收廢電池一樣不帶感情。不久後將有人代替我放把火,將之化作一縷輕煙,冉冉升天。

——

整個沙哈浦爾只有一間旅館,位在中華炒麵店樓上。老闆打開第一間房,還沒整理,移動到下一間,第二間看來介在有整理跟沒整理之間,狀態有些曖昧。我們同時留意到枕套上有一顆橘子籽,已經風乾,我以為老闆見狀會換一套新的來,但他只是用手把橘子籽拈走,理所當然地離去。算了吧,旅行已兩個多月,早該習慣這種印度式的隨性服務,況且別無選擇就是別無選擇,在毫無觀光客的小鎮有得住就該偷笑,再糟糕也不過睡一晚,再骯髒大不了洗個澡,凡事計較到底的話,有再多印度時間也不夠用。

自此往西南去,再八十公里就是傳說中的孟買,站在這個位置——雖然不能真正看見——竟已能感受到來自城市的強大引力。如果說孟買是夜空中的超亮彗星,那麼沙哈浦爾就是懸浮在彗星周圍幾不可見的微塵,在印度,總有無盡無數的小塵埃襯托一顆明亮的星,越靠近質量的中心點,就越難擺脫強大的牽引。本想路過孟買而不入,但實在無法忽視她的鋒芒,以及鋒芒背後的魅惑,再者,我的手中還握有一張從孟買發車的「候補」火車票,它是通往沙漠之國的入場券。

從沙哈浦爾到孟買的路途堪稱輕鬆,一路盡是爽快的下坡,氣溫隨著海拔趨零而還暖,空氣隨著靠近海灣而泛潮。參天的大廈預先鋪陳了都會感,車流自孟買北面的衛星都市激增,道路變得更交綜複雜,以更多的 Flyover 相連,我感覺此時此刻的國道是中性的,不屬於印度,亦不屬於任何地方,而是為了促成移動、短

168

暫而真空的存在。所有物體皆朝引力的中心匯聚，被無差別地吸進去。

——呼叫塔台。美利達 60 V 已完成階段性巡航，請求降落孟買。
——準備登陸！倒數，三、二、一……

太空船的尾巴迸出長長的烈焰。

D￦f 老鼠

從太空船裡步出的不是太空人，而是一隻老鼠——四肢健全、行動敏捷的老鼠。現在，請假想你是那隻老鼠，踏出艙門，抖動幾回鼻尖，略帶遲疑地東嗅西嗅，然後猶如被放生汪洋的魚兒般溜滑地沒入環境。

你終日潛行於都市，穿梭在大街小巷，用約莫與行人鞋跟等高的視角瀏覽這座龐然叢林。或許你對此地的空間尺度尚無概念，也不知道她是世上數一數二的超級大都會，真抱歉，忘了先預告這裡有地表上最稠密的人口，也有地球上劇烈的貧富差距。不過無妨，你所需關注的絕非人間的俗事，也不是溽暑已延續幾日，更不是洋流啊、潮汐啊，月亮陰晴圓缺牽動的引力消長。你只須謹記：每天為生存而戰、為溫飽奔波，才是你的首要之務。

儘管生存的方針看似單純，實際上卻不易執行。你忘記在哪耳聞了「過街老鼠」的說法，雖然不明瞭箇中意涵，但能嗅出字裡行間的敵意。敵意啊敵意，它猶如四處飛竄的箭，亦似槍林彈雨，卻不失為使你茁壯的特訓。發達的嗅覺是你過人的天賦，敏捷的肢體是你避險的利器，那些粗心被淘汰的同類、機運不好的倒楣鬼，以及不知上進的傢伙啊，就隨他們去吧，泥菩薩過江難免得自私自利。別忘了，每天為生存而戰、為溫飽奔波才是你的首要之務。

這番描述也許不甚友善，請放心，這地方絕對保有彈性，只要誰

肯積極充實技能，再加上一丁點兒小聰明（如果有），必定有機會鹹魚翻身。喏，他們不是最愛拿這類勵志故事當題材嗎？什麼貧民晉升百萬富翁，什麼洗衣工立志轉職電影明星，什麼送便當送到外人遠道取經……關於這座城市可訴可泣的故事說不定比你的群體更多，比你的族史更長。

再者，那些發明「過街老鼠」說法的人類也並非全都不懷好意，有的只是表面上牙尖嘴利，骨子裡慈悲心軟，畢竟他們有他們無奈的生存法則，如同你有你肩負的保命要務，只要別太得意忘形，別太招搖踰矩，搞不好會有意外收穫。言及於此，大方給個提示吧，那些懂得憐憫的人通常出沒在晦暗的角落，過著與你相似的生活。不妨去街邊的煎蛋攤碰碰運氣，搞不好會有香菜、洋蔥、麵包等沒人在乎的碎屑；試著到巷內的茶販打打游擊，說不定能撿到落在地上的白糖粒。

附帶一提（你想必也觀察到了），他們平時使用一種輕薄的紙張進行交易，你或許對此不對等的以物易物感到納悶，請別小看那輕飄飄的玩意兒，它既是建造這座城市的材料，亦是解構這座城市的怪手；那些紙既代表希望，亦象徵罪惡。這裡有太多光明與黑暗並存的物質，那張紙即是最顯然的例子，其實無論到哪道理都一樣──光明的極端必有黑暗，黑暗的終點必有光明。

似乎透露太多了，請容許最後一次多嘴。晃蕩久了難免誤闖禁區，屆時務必保持鎮定，請勿對那些光鮮亮麗的面向大驚小怪，因為你的驚慌可能遠不及他們的恐懼。杵在眼前的並非幻象，你依舊身處孟買，而且很快將明白接下來所說的：這邊是孟買，那邊也是孟買。陽光照耀的方寸是孟買，月光洗滌的角落也是孟買。擁擠雜沓的土壤是孟買，寬裕優雅的圈地也是孟買。長堤海灣是孟

171

買，水泥叢林也是孟買。喧鬧聲是孟買，歡笑聲是孟買，嘆息聲也是孟買。濕婆庇蔭孟買，阿拉眷顧孟買，耶穌基督保佑孟買。海底一百呎是孟買，地上一千哩也是孟買。人類世居孟買，飛禽走獸棲息孟買，爬蟲細菌滋生孟買，汝等鼠輩亦將安然委身於孟買。

向你拍胸脯保證，你會漸漸適應並眷戀這個地方，為存活下來而驕傲誇口，因為她不擅長裝模作樣，亦不至於高不可攀，她始終願意張開手接納百川，將赤裸裸的現實公諸檯面。所見即所得，沒半點偽裝。

孟買是獨樹一幟的城市，被寄予厚望的明日之星。絕無僅有，獨一無二，你再也找不到第二個像她的地方。

從孟買寄出的越洋信

妳好，

許久未見。

誠如妳所知，我正在單車旅行途中。這一路已不只一次向妳報備近況，然而分隔遙遠兩地，不曉得妳是否能確實接收到心意。不如這樣，換個形式寫信給妳，寫下來的東西總比心裡話具體。

此時此刻我正坐在孟買海濱大道的堤防上，面向一對峽角所擁抱的巴克灣（Back Bay）。來這的目的無非是為了等待一日一度的夕陽，黃昏時許多遊客群聚至此，有本地人，有外國人，還有少部分白領階層，估計是附近剛下工、順道來散步的上班族。總之什麼樣的人都有，孟買是一個兼容的城市。

已經呆坐在海堤上超過一小時了，忽然想到該提筆寫信給妳。其實，旅行時我很少刻意去想關於妳的事，因為有些記憶太模糊，有些又太清晰，深怕不小心混肴而無法抽離。不過我倒是清楚憶起那個晚上的夢，彷彿使用了更可靠的表記方式篆刻在我的腦海中，擱了幾夜依舊鮮明。那是一個我帶妳去逛菜市場的夢，家裡附近的那個傳統市場。我們在我以為是現實的場景中勾肩揉腰，像情人般漫步於攤販之間，走在有榕樹綠蔭遮蔽的道路上。我問妳有歡喜嘸？妳說當然歡喜啊。語畢，我便醒來，好夢嘎然而止……

沈醉於夢，回顧至此，耳機裡的歌剛好切到下張專輯的第一首，歌名叫做〈尋人啟事〉。

「我多想找到你／輕捧你的臉／我會張開我雙手／撫摸你的背」

突如其來，猝不及防，女歌手唱到這我已潸然淚下。

謝謝妳陪我看夕陽，妳是否也看見今天的晚霞絢爛得正好？妳喜歡孟買嗎？我要如何知道，我又未曾真正帶妳旅行。

——

妳喜歡孟買嗎？

說來慚愧，其實我對妳的好惡毫無把握，甚至連妳對旅行的看法都未曾探究。待我有意識去體察，並嘗試付出與補償，已樹欲靜而風不止了。

不瞞妳說，我出乎意料地喜歡這個地方，並不是能夠搬來這裡生活的那種著迷，也不是逢人必推介的崇尚，而是她之於匆匆路過之人所不吝供給的暖熱，暫時安撫了我孤獨的心。

舉個例子。所暫居的班德拉（Bandra）地區位在市中心的北郊，嚴格來說是個什麼都沒有的地方，沒有任何吸引觀光客駐足的號召。一間新開的青旅塞在喧鬧的朝市中，住客大多是來出差的外地人，或少數誤闖的旅客。朝市的活力無須多言，更吸引目光的反倒是附近一座陽春的遊樂園。旁邊國宅裡的小孩每天都在霓虹燈閃爍下生活，他們都很嚮往遊樂園的樣子，別說他們了，連我

都忍不住一探究竟。

入夜以後，遊樂園搖身變成班德拉最璀璨的寶石，閃耀著七彩光芒。它就像孟買這座城市一樣善於包容，被華麗光彩吸引的大朋友、小朋友們興奮地繞來繞去──摩天輪、旋轉飛椅、碰碰船、鬼屋、珍奇博物館、射飛鏢、戳戳樂……怪了！這不全都是我的兒時記憶嗎？是誰惡作劇把它們從過去搬到這裡？置身其中，心隨那股暖流漂漂蕩蕩，隱約憶起片段童年往事，影像中有妳，也有我，既模糊又清晰：我們曾那樣手牽手嗎？我笑起來天真無邪嗎？我調皮時是否一般任性？

時間究竟是倒退了，抑或快進？或者就如新朋友阿南德所說的：人生是一部拍完的電影？倘若如此，我勢必是誤觸了某個開關，才讓塵封的膠卷忽然倒帶，令過往投射於心牆。

遊樂園的聚光燈在漆黑的夜空裡來回梭巡，兩個圓形的光點像在玩你追我跑，直到樂園打烊。

──

我所說的暖熱便是那種感受，描述起來有些抽象，若想更進一步暸解，或許得搭上開往市區的列車。

這幾天學著搭火車移動，和孟買的千萬居民一起擠在只要十盧比車資的區間車上。班德拉車站簡直是遊民集中營，無家可歸的人們以廢鐵道為家，以天橋為床，堆積成山的垃圾被歲月風化成碎片，釀出黑濁濁的湯汁，再順著鐵道流入溝渠。

176

火車來了，月台上忽然一陣混亂。老練的人趁車子滑行時一躍而上，耿直的人最好祈求門邊尚存最後一席。我無法想像拉著妳追火車跑的情境，保證走散，搞不好一下車妳就會對我抱怨說：妳討厭和我旅行。可是若誰有心想認識孟買，搭火車肯定是最佳途徑，火車載客穿梭貧富、窺探階級、遊走古今，車廂裡有孟買的縮影。

區間車的終點是著名的維多利亞車站，若說哪裡有最經典的孟買印象，大多是以此為中心發散出去。街邊販售的明信片中十張有九張取景自這一帶，高等法院、印度門、孟買大學、濱海大道……分布在步行可及的距離。

初訪孟買核心，覺得她真得很美！然而單用「美」來形容還稍嫌膚淺，因為孟買真正的美藏於拙，藏於頹敗的角落，殖民者帶不走的東西順理成章成了當代的布景，假如把印度人搬來的各種元素除去，這裡就是如假包換的歐洲城市。可惜印度人不太念舊，正是他們對歷史的偏執與傲氣才讓孟買長成現今矛盾的模樣——星巴克女神向對街的咖啡小販保持微笑，精品百貨樓前誰人行乞，商業大道上有遊民蝸居，摩天高樓底下是千人洗衣場——如果說孟買是一片汪洋，那她一定擁有最深不見底的海溝，從表面生態多樣的混合層，到環境劇烈變動的斜溫帶，乃至上古物種棲息的深幽水底，都屬於孟買這片汪洋。

這麼形容，妳還會喜歡孟買嗎？我倒是出乎意料地喜歡這個地方。

——

日落前，獨自散步到海濱大道，坐在堤防上等待一日一度的夕照。我平時很少看夕陽，旅行時倒是看得夠多。岸邊往來的人潮絡繹不絕，然而眼前所見的不過是冰山一角，這是個餵養兩千五百萬人口的龐然都會，並非三天兩頭能夠看盡。

耳機裡的〈尋人啟事〉唱完最後一句，樂聲停止，我取下耳機，任流動的海潮與人潮沖淡情緒。妳喜歡孟買嗎？我要如何知道，我又未曾真正帶妳旅行。

不知這封信寄到妳那裡需要多久？會是白天或黑夜？而妳會以什麼形式回覆呢？我期待著。

祝好

　　　　　　　　　　　　　　　　　　瑞夫，時於孟買

D-h 航向沙漠之國的長途火車

我的手上握有一張孟買發車的「候補」火車票，此刻正在為那張不確定的車票東奔西走，出入車票預約中心。

「Mr. Chang，您這張車票還在『候補中』，麻煩您明早再來。」窗口內的女士告訴我。

「為什麼非得等到明天？今天不能處理嗎？」

「是這樣的，訂票系統會在發車前一天釋出部分空位，您的火車於後天發車，也就是說，明早才會進行清票。若仍候補不上，或許我該為您安排一張『緊急車票』。」女士溫柔地解釋，「請您明早十點半來找我。務求準時！」

從教堂門車站（Churchgate Station）問到維多利亞車站（Victoria Termius），兩處都給了一致的答案：明早再來。我有點後悔，要是當初沒有衝動訂票，就不會落得如今進退不得。

約莫半個月前，我在漢比訂了一張從孟買開往賈沙梅爾（Jaisalmer）的候補車票，要是能順利上車，將省去一千多公里路程，更重要的是，還能夠跳過興趣缺缺的古吉拉特邦（Gujarat）直奔拉賈斯坦邦的最西邊。當時售票員信誓旦旦地保證：「WL57（候補第五十七位），安啦！絕對上得了車。」可是隨著發車日日漸逼近，遞補順位卻少有動靜，簡直像排水管被異物堵塞一樣，這回連售票員都面有難色。唉……誰叫我買的是每週一班，從首站一直開到終點站的超長途火車咧！

所幸候補情形在最後關頭有了轉機，不知出於什麼原因，或許是印度千萬神祇中負責掌管車票候補的大神聽見我的祈禱吧，候補進度在最後一夜奇蹟式大躍進。一覺醒來，順位已從「WL21」狂升到「WL1」！意味只要再一人退票，再一個人，就能成全我的火車之旅（註：候補進度可網上查詢）。

隔日一早我來到預約中心報到，果然得到截然不同的答案。
「Mr. Chang，真幸運啊，您的車票一夜之間來到候補第一位，明天能上車啦！」
「真的嗎？一定能上車？」
「是的，保證沒問題。」
我最怕印度人說「沒問題」了，因為沒問題的背後通常很有問題……當時萬萬沒料到，能「上車」是一回事，「有位置」又是另一回事。

該說印度總有隱藏版規則？還是我太天真忘了追根究柢？身涉其中，才知道印度國鐵的遞補系統非常複雜，尤其當買的是臥鋪車票，請特別留意在「候補名單」（WL）和「正式名單」（Available）間尚存一個名為「RAC」（Reservation Against Cancellation）的曖昧區塊。依我上網調查，「RAC」代表乘客「已確獲上車權利」，但最終極有可能──而且絕大多數情況下──必須與其他乘客共享一張臥鋪。

一頭霧水嗎？改用白話文解釋好了：我們印度國鐵就是狂，四通八達又物美價廉，人人搶搭，為了體恤候補名單中苦苦等待的人民啊，我在此宣布把臥鋪一分為二，如此就能給更多人上車啦！你們說好不好啊……

好啊……當然好……可是等等，你所說的「把臥鋪一分為二」到底是怎麼回事？

——

下午兩點三十五分，火車準時發車，可真難得。我依貼在車廂門的旅客清單找到自己的座位——「63RC」，並留意到在我的名字之上還有另一個「63RC」，想必就是傳說中共享臥鋪的乘客吧。至於該如何共享臥鋪呢？一上車自然會明瞭：原來臥鋪車廂中與走道平行的下鋪床位是由兩張相對的座椅組合而成的，或者換個角度說明，看似平整的臥鋪可像倫敦鐵橋一樣掀起變成兩張座椅。進入 RAC 序列的乘客被「兩個蘿蔔一個坑」地植入那些下鋪床位。

列車駛出月台後，一位粉紅色 Polo 衫男子姍姍來遲，他在臥鋪的另一端坐下。「你也坐這嗎？」我略微憂心地問。對方遲疑半秒後點點頭。意味著從一開始，我就遭到褫奪獨享臥鋪、隨意伸直雙腳的權利。

粉紅色 Polo 衫先生說他來自普納（Pune，孟買東南方的文教大城），目的地和我一樣是賈沙梅爾，所任職的「風力發電公司」臨時調派他到賈沙梅爾西邊的小鎮出差，由此可見，這班列車正開往一個風沙滾滾的彼方。我的腦袋裡浮現出一望無際的荒漠，以及被熱氣扭曲的地平線。

從孟買到賈沙梅爾的鐵道長度大約一千兩百公里，以平均時速五十五公里計算，預估行車時間約為二十二小時，接近完整的一天一夜。車廂內，一個個半開放的隔間各自包含八張臥鋪，精簡

卻不侷促的配置反映出設計者的巧思。若用長鏡頭從車廂頭拍攝到尾，會以為自己經過好幾戶人家或房間，換了好幾幕場景，每個人都像住上一段時日似的，或坐、或躺、或豪邁地將腿跨到對座，一副不管車子開往哪邊、是否準點，都不以為意的模樣。散落的行李中有自備的枕頭、毯子、盥洗用具、盛裝食物的各種容器、無數礦泉水瓶……大概打算賴到最後一刻再一股勁收拾。印度人肯定都很習慣這種漫長跋涉，進而養成一套「四處為家」的適性，要是行駛一整個月都不靠站，我相信這群人依然能夠活得好好的。

車行一段距離後有人來查票，緊隨在驗票員身後的是賣奶茶的小販，手提著金屬保溫桶，用壓扁的聲音喊著「Chai……Chai……」。慵懶的乘客聞聲招招手說：「給我一杯茶。」小販敏捷地取一只茶包投入免洗杯，再注入稀釋的熱牛奶，遞給客人。而後登場的還有賣小黃瓜沙拉的婦人、販售炸點心或米蒸糕（Idly）的老先生、賣葡萄乾的童工……那些人像串場演員似地輪番出現。小販們在移動的車廂內穿梭，直到火車靠站，再跳到對面搭反向的車回去。火車靠站的短短幾分鐘又是另一場混戰，除了爭先恐後上下車的乘客，還有更多搶生意的小販，嘰嘰喳喳吵個沒完。

那些從車廂外大量交換進來的東西，終將重返大自然。喝完的紙杯往窗外拋，盛裝炸點心的泛油報紙往窗外拋，果皮、糖果紙、保特瓶……通通往窗外拋就對了。我甚至見過誰將整盒便當捐贈給大地，連眼睛都不眨一下。反正整個戶外都是印度人的垃圾掩埋場，炎日會將物質分解，勁風再將碎片帶走。

車上除了販售有形商品的小販，還有各種主打無形服務的賣藝

人，其中最常見的就是歌者，各式各樣的歌者。每當這種人出現在車廂裡，你最好保佑身邊沒有多餘的空位，否則他會一屁股坐下，唱到天荒地老、彈到有人願意打賞為止。

另外還有一種不知該稱作是賣藝人還是苦力的角色。每隔一段時間，車上會出現一位掃地工，職責是跪在地上爬行，並揮動手中的短掃帚，煞有其事地鑽到座椅下打掃「火車居民」製造的垃圾。不用說，清出來的東西最後必定灑向窗外，說穿了這個人只是幫忙集中廢棄物以換取微薄的清潔費罷了。

此外也有許多連苦力都稱不上的不勞而獲者，最典型的當然就是乞丐。乞丐不分男女老幼、高矮胖瘦，而且出現得極頻繁，幾乎到了「搭長途火車得特地準備零錢」的困擾程度。

乞討者中有一種人的身分比較特殊，他／她是傳聞中的第三性人海吉拉斯（Hijras），雖然一身女性裝扮，卻明顯是男兒身，他們在車廂中四處狩獵，對乘客搔首弄姿。面對這樣特殊的角色，我以為在性別觀念保守的印度，人們應該會毫不留情地鄙視或嫌惡，結果卻比較像屈服在某種淫威下而認分掏錢。據說海吉拉斯是印度社會中性別認同困難的一群，不屬男亦不屬女，甚至有人說他們是神的使者。他們一方面在婚喪祭典上翩翩起舞，替人消災解厄，一方面卻在現實中飽受歧視，躲在陰暗角落。或許是出於同情吧？還是擔心不給錢會招致厄運？海吉拉斯經過時總能如願搜刮一些銀兩。

乘客也好，小販也罷，還有列車長、驗票員、服務生、廚子、賣藝人、乞丐、第三性……肯定也包含蟑螂、老鼠、螞蟻、微生物和細菌……總長將近七萬公里的印度國鐵，以七千多個車站作為

節點，運用超過一萬兩千輛火車，每年輸送超過一百億人次。火車不僅是火車，它是一個微型聚落的載體，從東到西，由南至北，如方舟航向遠方。

——

有時我能明確感覺到火車緊貼著時間軸運行，移動的距離精準對應流逝的時光，尤其是當我凝視著窗外荒涼的景色而陷入恍惚之際，時間會突然變得黏稠，像鍋裡加熱的濃湯越攪越費勁。有時我卻觀察不到時間的存在，特別是當我來到時間線的前方，驀然回首，才驚覺許多細節被稀釋過了，就好像你嘗一口湯發現太濃，卻笨手笨腳倒入太多的水。一下子濃，一下子淡，一會兒減速，一會兒奔馳，旅行以這種節奏前進著。

火車在蘇拉特（Surat）車站停靠的時間比其他站更久，我趁空擋下去補充糧食，順便伸展痠疼的四肢。依地圖判讀，此去不遠就是古吉拉特邦，火車將在深夜越過耆那教聖地阿布山（Abu Mt.），接著納入拉賈斯坦邦腹地，並於清晨抵達著名的藍城焦特浦爾（Jodhpur）。通過焦特浦爾後只管一股腦兒西進，終點即是賈沙梅爾。

發車前回到座位，我的斜對面多出一戶基因超強的家庭，夫妻有夫妻臉就算了，連兩個小孩都是同個模子印出來的，整家子苦瓜臉。苦瓜臉家庭的對面是一對穆斯林兄弟，穆斯林弟弟是個標準的大眾款，能夠輕易混入人群跟你玩「尋找威利」的真人版遊戲；至於他的哥哥則是另一種印度男生的典型，全身上下最醒目的部分就是那顆超級大肚腩。我猶記得他指著單車旅行多日、精瘦到不行的我說：「我想變得跟你一樣苗條（Slim）。」聽到這段笑話，

苦瓜臉家庭終於露出苦笑⋯⋯

至於與我共享臥鋪的粉紅 Polo 衫男子，正屈著身子吃著向乘務員預訂的便當。晚餐飯後，男子自然地爬到上層臥鋪，一副準備就寢的姿態。我對他的舉動感到不解，仰頭問：「你不是和我一樣坐在下層嗎？」但 Polo 衫男子取出車票解釋，說他的床位在上面。

怎麼回事？難道他一開始只是隨口應答？

不過仔細想想，Polo 衫男子的行為並不奇怪。白天時，下層臥鋪是不成文的公共空間，乘客聚在底下吃喝談天、欣賞風景，直到該休息時才有默契地各自歸巢。所以 Polo 男子只是暫時借坐，換句話說真正的 63RC「之二」尚未現身。

那麼與我共享臥鋪的另一人究竟是誰？

直到下一個大站阿邁達巴德（Ahmedabad），等待已久的那個人終於上車，目測是另一位年齡約莫五十歲的大肚腩。他一上車就與鄰座打成一片，原本準備歇息的乘客彷彿為了表示歡迎似的，你一句我一句地附和起來。話題圍繞著廢鈔事件，這類民生議題很容易引起共鳴，連我也忍不住豎起耳朵偷聽。看樣子情況沒變，不對，或許有件事改變了，那就是民眾對總理的信任漸漸動搖，不再一味支持。無奈、埋怨、批判⋯⋯在一盞盞慘白的日光燈下騷動。次等車廂果然是傾聽民意的絕佳管道，強烈建議各位印度官員應該定期來一趟火車之旅。

交談聲隨夜幕漸濃而轉淡，細語被風扇的運轉聲覆蓋，我弓著背縮在臥鋪的一端，試著用微弱訊號傳訊息，發送對象是在邁索爾

認識的中國女孩葉子，此時此刻她正在新德里等待隔日出發的火車，即將到賈沙梅爾與我會合，聽說這回還攜了個伴，是從前在旅行路上結識的姐妹淘。

另一邊，與我共座的大肚腩先生亦沈浸在手機螢幕上，不時發出詭異的嘻笑，勾起我偷窺的慾望。我佯裝伸懶腰一瞥，發現他竟然在上色情聊天室——三更半夜在火車上和陌生人網聊，可真有興致啊。雖說愛怎麼聊是別人家的事，可是老兄，你到底要不要熄燈呢？我們現在可是在同一艘船……喔不，是同一張臥鋪上耶！

——

感覺作了一個很尖銳的夢，我倏然睜開眼。

尖銳的刺痛從屁股傳到脊椎再直搗大腦，將意識狠狠拉回現實。原來我蜷著身子睡著了，屁股因保持固定坐姿而疼痛不已。看錶推算，才睡不到一小時，對座的大肚腩仍在滑手機，螢幕的亮光照在他的臉上。我活動活動痠麻的部分，嘗試再次入眠，但疼痛又立刻找上門，而且來訪得更頻繁。不可能！不可能有人這樣睡一整夜，簡直是酷刑，他們自作聰明把「臥鋪一分為二」的德政根本是強迫中獎。

我不甘坐以待斃，開始前後觀察環境，寂靜的車廂內殘有幾盞未熄的燈，微光之下有人席地而睡，有的躺在包廂地板上，有的直接橫臥通道；難道這些人也中了「共享床鋪」的特獎？我試著模仿他們搬到地上，大肚腩先生因我突然的舉動抬起頭。「這位置留給你吧，我睡地板就行了。」我勉強擠出一個微笑說。

186

雖然睡在地上並非明智之舉，但兩害相權取其輕下，會發現地板不失為一塊新大陸，至少能夠盡情伸直雙腿。我盡量讓身子緊貼牆面避免佔用走道太多，但很快就發現一切想得太美。那些半夜到處走動，去抽菸、如廁，或失眠的人堪比車廂裡的行屍，隨車廂搖搖晃晃，走路不長眼，好幾次把腳往我的身上踹。有些人還會使用凶器輔助──會發出「喀喀喀」預告聲的拐杖。

夠了！夠了！我掀開蓋毯憤而起身，卻看見一個瘦弱的剪影朝走道盡頭蹣跚而去。見到那樣大半夜不睡著的老人的背影，不知怎麼地氣就消了。

醒來以後只覺得好冷，火車若不是剛經過阿布山，就是已經進入拉賈斯坦的沙漠，冷空氣從窗隙潛入室內，在包廂間到處串門。總算理解其他乘客為何每次搭車都大包小包，他們才是有備而來的行家，從今以後我再也不敢對自備枕頭和毛毯的人嗤之以鼻。

凌晨三點多，放棄最後掙扎，終於也投靠行屍的行列。我拖著沈重的步伐不知所以地來來回回，無意間發現有張臥鋪的半邊空著，便擅自坐下。或許是感覺到座椅忽然下陷，另一端的婦人倏然睜開眼。

「呃……吵醒你了？不好意思，擅自佔用妳的位置。」我趕緊起身。

「沒關係，你就坐吧，」婦人示意要我坐下。「我的臥鋪在上面，外子正在使用。反正我睡不好，所以跟他交換。」對方的英文幾乎沒有印度腔，而且聲調好細好柔，猶如電影裡飾演慈母的女星。

「妳也睡不著啊？」

「是啊，『他們』好吵。整個晚上走來走去。」她說。

其實我不覺得吵，但那些走動確實製造某種干擾。那時候──或

許是我的錯覺吧——我察覺到婦人在說「他們」時的微妙態度，她先以一種溫柔的方式表達抗議，又搶在我誤會什麼之前轉換語氣。

仔細想想確實有些突兀，此等高雅之人出現在次等車廂的情形在印度很罕見。我看她應該是富人，因為她正在研究的行程表上盡是高檔旅館和高級薩伐旅（Safari）行程。原來她和丈夫為了慶祝結婚週年要到賈沙梅爾旅行，因規劃得很臨時沒搶到一等車廂，只好退求無空調的次等臥鋪。

旅行久了就會發現，交通工具也是一種階級表徵。少數人撒閒錢佔頭等艙，多數人掏積蓄爭普通座，無論是飛機、郵輪、火車，或巴士……都有潛在的階級意識。面對她，我一時不知如何坦言自己早預訂了最便宜的旅店，並且在研究薩伐旅如何砍價。怕話一脫口就會變成她口中的「他們」。

等等……
「他們」？
「他們」是什麼意思？

腦中閃現那個詞的瞬間，真心覺得自己好卑鄙好噁心。是誰口口聲聲說要體驗次等臥鋪，嚷嚷著要接地氣？結果竟是將他人嚴峻的生活當作試煉誇耀，把底層的真實面當作譁眾取寵的手段。這下好啦，到了抉擇關頭，又是誰恬不知恥地選邊站？這種心態到底算什麼！教人情何以堪！

承認吧，在你心底深處有許多被壓抑的聲音準備掀你底牌。哪怕只是一閃而過的念頭，你一定鄙視過那些若無其事朝窗外丟垃圾

的人、死纏爛打的乞丐、擾人清夢的乘客，甚至看輕荒腔走板的賣藝人、在色情聊天室夜聊的大叔，以及他鬆懈的身材……你努力展示修養，製造反差，都是為了在必要時劃清界線。

彷彿與心魔在拉扯，徹夜未眠的我就要分裂。

不久後，婦人的先生醒過來。他爬下床，客氣地要我上去歇一會兒。
「真的可以嗎？你老婆幾乎沒睡耶。」我很想睡，但言不由衷。
「沒問題的，你就上去吧。」見兩人異口同聲，我才老實地爬上去。

躺平後的事我完全不記得了，身體徹徹底底關機，知覺被硬生生切斷，連夢都難以趁隙。彷彿經歷了一場嚴重的宿醉，醒來時幾乎忘記自己身在何處，但只要稍加回想，便能想起是怎麼爬上來的。我慌忙地坐起身，向下探頭，看見那對好心夫婦正倚靠著彼此沈沈睡著。太陽已從東方升起，黃澄澄的光線輕柔地像紗，一視同仁地鋪蓋在每一位乘客身上，當然也包裹著他們。

陽光之所以為陽光，是因為它從不挑人。

沙漠中的阿里

火車提前二十分鐘到站,由於是終點站,剩下的乘客全在這下車,住了一天一夜的臥鋪車廂變成人去樓空的旅館。一夜之間,我已從潮濕擁擠的大都會移動到乾燥遼闊的邊城,鮮明的差異或許連單車都能夠察覺。說真的,有時我能感覺單車有靈魂也有思想,他的靈魂能量來自齒輪轉動的次數,而思想來自我們長時間的心意互通。說來害臊,我甚至開始揣想抵達終點時會抱著這位夥伴痛哭一場,越靠近終點越有那種情緒爆炸的預感。

不過距離真正的終點還有一大段路。人既已赴極西之疆,歸途唯有朝東折返,預計拜訪拉賈斯坦邦的四色城市,最後騎到「齋浦爾(Jaipur)國際機場」,搭機離開。

乍看地圖,或許會為往後路線的單純而慶幸,畢竟沙漠地區裡連結小鎮的幹道屈指可數,沒有選擇困難。可是若放大細瞧,會發現一切精簡得可怕,簡直到了「荒涼」的地步,就好像繪製地圖的人敷衍交差,無心在村鎮間多塗幾塊綠洲,懶得為道路多添幾筆連線。認清「荒涼」的事實後,我不禁嚥了嚥口水,「看樣子最後還有幾場硬仗要打。」心底的聲音雞婆提醒我。

—

我聽從友人建議投宿在賈沙梅爾城內。所謂的城,是一座遠看像飛行船的土黃色巨物,近看不僅雄偉,並且厚重,初臨城下的人

必會仰頭讚歎，自問身在何方。

城門內有個比籃球場略大的廣場，兩側店家櫛比鱗次，販售地毯、手工皮件、編織包、彩繪木偶……各式各樣適合「＃民族風」的商品。一條向上的石坡路連結了廣場與城堡的核心，一路迂迴、收窄，又豁然開朗。從城堡的核心往左的路線比較單純，盡頭是瞭望砲台和幾間低調的餐旅館；往右的路則複雜得多，叉路之外還有叉路，彎道過後還是彎道，像極了《阿里巴巴與四十大盜》裡的迷宮小鎮。

請試著向腦袋借提幾個有關城堡的關鍵字，將有助使賈沙梅爾更活靈活現，例如「沙漠傳奇」、「綠洲文明」、「帝國盛世」；「駱駝」、「戰士」、「面紗」、「纏頭巾」、「珠寶」，或者「城垛」、「宮殿」、「雕花窗」、「砌石階」……沙漠子民世居在這些元素構成的西疆異域，如今盛世已去，時光更迭流轉，換作遊人紛至沓來。客棧每天吐納熙攘的住客，餐廳裡時時杯觥交錯，蓬勃的生命力說明了古堡的不衰如昔。

——

早在葉子她們抵達之前，我已勤用雙腳探索過城堡周邊。看似糾結的巷弄走過幾回後便自動解開，平面的街道很快就立體起來。若想佯裝成熟門熟路，最佳途徑是挑一些心儀的角落插旗。我在廣場旁的餐館一試成主顧，迷上口感帶勁、麥香撲鼻的窯烤羅堤餅（Roti）；廣場附近還有間生意興隆的茶攤，長板凳常座無虛席。喜歡喝優格飲或吃冰淇淋，可嘗試南面的甜品店，若想體驗飄飄欲仙的快感，不妨挑戰城門邊的 Bhang Lassi（添加大麻的優格飲）……

我喜歡賈沙梅爾的各種尺寸比例，從擁擠的孟買搭車到寬闊的賈沙梅爾，好比從台北慢行到花東縱谷，換得了空間放大與時間延展。這分感受在後來兩天一夜的薩伐旅之中尤其深刻。

說到沙漠薩伐旅，許多旅客專程為了騎駱駝而來。無論是湊巧或者有意貪小便宜住進價錢低得可疑的旅館，最好做好被推銷行程的心理準備。換言之，若已在房價上佔得便宜，顧念老闆收入的分上，肥水還是別落外人田比較厚道。

我以一百盧比的超低價住進一間單人套房。旅館是老闆向屋主分租來的，屋主一家住在樓下，二樓以上才是旅客的活動區域，與其說是旅館，稱之為民宿更恰當。

民宿的經營者叫做阿里，他的右眼有輕微斜視，加上眼角有道明顯傷疤，使得五官好像被扯到右邊而失衡似的，就算是笑，也難以綻放眉宇的雀躍，顯得經常心事重重的樣子。

我的單人小套房在二樓，因座向而光照不足，稀疏的陽光被彩色玻璃濾成五顏六色，落在同樣五顏六色的花布床單上。緊靠著窗的單人床高得有些不合理，幾乎與窗框切齊，躺著往窗邊一滾，即可慵懶地窺視底下的街景。我因此喜歡上這個陰暗的小房間。

然而就住宿標準而言，設備稍嫌簡陋了些，甚至有時必須要遷就不便。網站上雖然宣稱有「熱水」、「網路」、「頂樓餐廳」，但實際的情形是，需要熱水時，阿里才匆匆去鍋爐燒柴；需要無線網路時，阿里才打開他智慧型手機的「非吃到飽」網路分享熱點。至於頂樓餐廳，阿里用幾塊民族風桌巾和座墊馬虎妝點，桌上再煞有其事地擺一本菜單，餐廳便順勢開張；煮食任務也不假

他人之手，無論義大利麵、中華炒飯、美式漢堡，或者拉賈斯坦風的塔里餐，阿里都能從角落的小廚房鏘鏘鏘地變出來。在印度，像他這樣一人分飾多角是常見的事。

現年二十八的阿里已成家立業，他真正的家在距離賈沙梅爾六十公里外的村莊，為了養家餬口，隻身進城打拼。他最初幹的活是駱駝伕，在沙漠中，駱駝伕是最普遍、最初階的行業，但只要肯勤奮幹活，多少有機會鹹魚翻身，如同尼泊爾的腳伕晉升嚮導，嚮導再自立為旅行社小老闆的過程，現在的阿里不騎駱駝了，轉行經營旅行團、民宿以及織品批發等多角事業。

作為旅館老闆，阿里無疑是個認真又細心的主人，可惜殷勤這種事也可能過猶不及。每當他殷勤過頭，反而使我本能地保持距離，這種草木皆兵的疑心病在觀光發達、視遊客為錢財的地方特別好發。我們的進退互動就像在跳探戈，一時進、一時退，必須算準節拍才不會撞在一塊。

雖然阿里不刻意提起薩伐旅的事，但誰都能看穿他心思，以及他的欲言又止。有天早上在天台上抽菸，阿里默默跟上來，湊近坐下，遲疑了半晌，開口向我要了根菸，一邊抽，一邊順勢把話吐出來。
「我的兄弟啊，您的薩伐旅行程確定了嗎？」
「沒有，我還在等朋友（葉子她們）的答覆。」
「如果您還沒決定，不妨參考我的行程，絕對包君滿意。不信的話您搜尋看看網路評價，瞧那些客人玩得多盡興。」
「可是，我的兄弟啊，你得先打開網路才行。」我藉機調侃上網不便的事。於是阿里打開他的網路熱點；我在貓途鷹網站（Trip Advisor）上一邊瀏覽他的旅行團評價，一邊試探性地問說：「所

以是兩天一夜，包吃、包住、包接送，全部費用一千七百盧比，對吧？」

「是的，怎麼樣，很划算吧。」

「不能再便宜一點嗎？巷口那家報價才一千六百盧比。」我說真的。

「喔，但是那個行程不會帶你深入沙漠，氣氛差很多喔。」阿里指著我的手機螢幕頭頭是道：「你看，你看，我的客人這裡寫的：『真正的沙漠』，真正的喔！」

其實阿里不必白費唇舌，我既然貪便宜住進這裡，便已是甕中之鱉。我只是想弄清狀況，好說服葉子她們加入罷了。

後來，我向這位前駱駝伕預訂了兩天一夜的薩伐旅，不待殺價，他已自動降價一百盧比。神奇的是，一切塵埃落定後，空氣裡的尷尬頓時不見。阿里的殷勤一下子收斂許多，變得更敢開口閉口向我討菸；他不再隨傳隨到，甚至會拖延我的各種請求，我的熱水必須等更久才來，無線網路更別說了，他總是趁我不注意時切斷訊號，不見蹤影。阿里甚至開始向我做起織品生意，聲稱跑單幫多有賺頭，提議找一天帶我去參觀紡織廠。起初畏畏縮縮的阿里一下子變了個人，重重心事都煙消雲散。雖然覺得有點現實，但至少探戈舞不必再跳，能攤的牌都攤了，也算是一種坦誠相對。

我和阿里的距離能夠拉近，那一千六百盧比絕對功不可沒。

沙漠薩伐旅

迎面而來一位提水桶的人，水桶隨步伐搖搖晃晃。我的目光先是
被水桶吸引，耳朵才被熟悉的聲音召喚。

「嘿！大頭！」有人喊我小名。

「啊！是葉子！」我將視線偏離水桶，才看見她。

我知道她倆今日抵達賈沙梅爾，卻沒想到走著走著就提早相遇。
我和葉子不顧他人目光在街上開心擁抱。

自邁索爾分手後已一個多月，回想起來，這段時間發生了好多事：
離開邁索爾後我去了高山上寒冷的烏蒂，接著趕路南下濕暖的科
欽，當日晚餐時分，總理莫迪拋出廢鈔震撼彈，影響了整個社會
氛圍，也改變了我的旅行節奏。眾人水深火熱之際，我搭上一班
跨夜火車，以班加羅爾為新的起點繼續北上，途中被藝大校長撿
走，見證了印度最大的雕像，並結識了一群藝術家朋友。而後我
戀上漢比的無為氣息，發懶住了幾天，卻又忽然痛恨孤獨而捲入
漩渦般的撞牆期。我深刻記得與中國兩老同遊石窟的片段，以及
在舍地與數千信徒齊喊「Sai Baba Ji」的激情夜晚。沿途的風景由
高原漸變成港灣，眼前是孟買的海洋與夕照、孟買的貧與富；景
致再由港灣切換到沙漠，一班長途火車將我風塵僕僕地送到金色
城市。

相同的時間長度擺在日常生活不過是數週循環，放進旅行中卻恍
如若干季節交替。

至於葉子，聽說分別後我們有部分路線重疊。我們透過通訊軟體保持聯繫，幾度失聯復聯，才得知她已遠赴阿薩姆邦（Assam）、靠近緬印邊境的地方。聽說那是個很不一樣的印度，每回讀她的訊息，都好像在接收地球對角線傳來的遙遠新知。

那麼關於葉子身旁提水桶的女孩呢？怎會有人提著水桶旅行？古靈精怪的葉子不等我發問已搶先解惑，她故意挖苦說：「大頭，這位就是我跟你說過的高高。別懷疑，水桶是買來洗衣服的，因為她說旅館常常沒地方蓄水。」可能連自己都覺得糗吧，高高沒好氣地接話：「你都不知我這一路多想把這東西扔了。我這就扔在賈沙梅爾！」我們笑成一團，同意那才是明智之舉。

——

兩位女孩投宿在城外，以低價住進一間環境不錯的新旅館。待我過去串門時，老闆已先發制人向她們推銷行程。這下麻煩了，我訂我的，她們訂她們的，該如何湊成一團？我們會合不正是為了玩在一塊嘛！

「大頭，不如你過來我們這邊吧。」葉子提議。
「不行啦！錢都付了。」
「要不我們過去你那邊。」高高提議。
「這樣不是很尷尬嗎？」我說。
「怕什麼，大不了走人呀。這裡多的是旅館，搬家不就成了。」葉子豪氣回應。這時她們老闆好像聽得懂中文似地突然插嘴：「你住哪間旅館呢？」
「拉克希米賓館（Lakshmi guest house）。」我回答。
「啊哈！原來是阿里的客人，那好辦。阿里以前是大老闆底下的

員工，都是自己人，不管從哪頭報名都一樣。」

我好笨，怎會現在才想通他們的生意模式，怎會以為每間旅館都有專營的旅行團，要是上百間旅館每天出上百團，沙漠不人滿為患才怪。實際上，旅館比較像旅行社的下線，彼此的關係既競爭又合作，只要稍微「喬」一下，併團並非難事。枉費我杞人憂天。

此事件也反映出我和兩位女孩個性上的互補面：我的躊躇鄉愿和她們的果斷明快。有時我覺得葉子就像一輛體型小但馬力十足的火車頭，而高高是負責鏟燃料的鍋爐手，兩者一搭一唱，火車便橫衝直撞地奔馳上路。而我呢，不過是後面連動的一節車廂，沒有主見但配合度高。正因如此，我很喜歡與她們同遊，有時甚至連腦子都不帶出門，只管隨她們闖蕩。現在回想起來，整片沙漠都有我們的嘻笑聲。

——

吉普車在乾涸的大地上奔馳，筆直的路朝視覺的終點延伸，沿途除了電塔、沙漠植物、餐飲驛站，以及偶然現蹤的野生駱駝，就只剩黃土和藍天，用幾色顏料即可完成這幅單純的風景畫。

滿座的吉普車上共有八名乘客，前座是正副駕駛兼工作人員，後座則塞了一對義大利情侶、一位不明國籍的老先生，以及三位講中文的旅客。車子朝著向塔爾沙漠（Thar Desert）中心移動，像枚逐漸丟失訊號的 GPS 晶片，離塵囂越來越遠。

我們先被載到一座「被遺棄的城鎮」（Abandoned City），那地方有著難以言喻的詭異感，過去曾是重要的沙漠驛站，卻不知為何地位不再，人去樓空的屋垣垮了大半，剝落的磚瓦堆在牆角。

幾名工人在屋裡進行修繕，但新砌的房舍太新、太工整，反倒和廢墟互相矛盾。旅行社大概是怕行程太單調，硬塞了這樣一個雞肋等級的休息站，被遺忘的城市本該被遺忘，卻因被遺忘而重新被記得。

吉普車繼續跑完剩下的路，最後突兀地停在一條單線道中央。司機跳下車，與前來接應的駱駝伕交頭接耳，彷彿講了個好價格把我們整批交易出去，然後跳上車揚長而去。

與團員等數的駱駝早在一旁待命，或許是知道又要上工了，其中一兩匹正在鬧脾氣。我們隨選喜歡的坐騎，手腳並用地爬上駝峰的花布座墊。駱駝伕示範正確的騎乘姿勢後，一聲令下，駱駝先撐起後腿，再挺直前肢，身體畫出一道波浪將我們送上峰頂。駱駝比目測更高大，一開始得花點時間適應在駝背上的感覺，一旦抓到擺動節奏、不再懼高，即便放開雙手也不會有墜落的顧慮。

狂風疾呼，烈日曝曬，我們扯著嗓子交談，時而進行高難度的互拍。不知不覺中，嬉鬧的隊伍已安分下來，注意力轉投向四周的風景。沙漠美得太過分，美得荒蕪縹緲，它是留白的高手，只在空空的畫紙上留下一條被踏實的窄路，如淺淺的鉛筆跡一直延伸到紙張邊界，指引著隊伍的去向。到了筆跡消失之處，剩下的路就只能依賴沙漠中稀少的石塊、乾草，及多肉植物定位，它們是沙地上的繁星，駱駝伕懂得用它們判別方向。

啟程約一個半小時後終於抵達紮營地。阿里所言不假，「真正的沙漠」果真只有綿柔的沙，只不過這「真正的沙漠」佔地不大，無須遠望即可瞧出破綻；至於所謂的營地，也不過是一塊隨選的空地（沙漠裡處處是空地）。這種平價旅行團說穿了就是將遊客

大老遠帶到一個沙子較細較多的地方睡一覺，並冠上「體驗之旅」的美名。

把駱駝栓好以後，駱駝伕便開始忙於生火煮食。我和葉子、高高趁開飯前的自由時間脫隊走到更遠的地方，在沙漠中找個定點等待日落。太陽彷彿被擊落般迅速下墜，我們盯著火紅的球體無聲地沒入地平線，直到聽見來自遠方的呼喚才驀然回神。營地上小小的人影正朝這邊揮手，裊裊的炊煙好像要把香氣獻給上天。

晚餐是率性十足的野炊，駱駝伕撿拾乾枝生火，在有限的條件下變出恰巴提、薑黃飯、一道咖哩，和一種薯條狀的油炸餅。越晚天氣越寒，眾人偎著營火取暖用餐，以乾枝餵食忽明忽滅的火團。霹哩啪噠，霹哩啪噠，柴火的爆裂聲在沙漠中格外響亮。

入夜，月亮從沙漠邊緣悄然升起，滿月之夜的皎潔月光使星光相形黯淡，害我特地下載的觀星 App 毫無用武之地。倒是葉子的威士忌酒偷渡得好，促成了一次曬月光的把酒談心，什麼煩惱、路線、預算、未來……之類的煩憂都寄放在金色城市，只有倦意不請自來，它悄悄入侵沙漠，先偷襲高高，爬向葉子，最後傳染給我。

睡夢中，有個聲音在意識的邊緣作祟，嘎喳嘎喳……嘎喳嘎喳……未知的聲響穿梭在現實與夢境間。一陣尿意忽然襲來，迫使我鑽出溫暖的被窩摸黑去小解。來路不明的聲音持續在暗處作響，我一面對著樹叢灑尿，一面循著聲音的來源對焦尋找，終於發現夜幕中駱駝的輪廓。原來是那些傢伙大半夜不睡，正在咀嚼遲來的宵夜。

小解完，盡量放輕動作鑽回被窩，卻還是驚動了身旁的葉子。

「大頭，你去尿尿呀？」葉子問。

「啊，吵醒妳啦？」

「沒事兒。是我也想尿尿。」

「一定是睡前喝了酒的關係。妳趕快去吧。」我們始終保持輕聲交談。

一會兒換葉子小解歸來，她對我說：「外頭好冷喔。還是沒看見星星。」

「對啊，星星怎麼都不出來呢？」聲音來自高高，她也醒了。

「你也醒啦？」我和葉子異口同聲。

「對啊，這沙漠凹凸不平的，很扎背，不好睡。我睡睡醒醒，你們去廁所我都知道。」

「哈哈哈。」我們不約而同地笑了，卻不知道在笑些什麼。笑聲停止後，三人有默契地安靜下來，若有所思地仰望著各自的天空，可能都在尋找月夜中本該出沒的什麼。

———

新的太陽在晨靄中升起，大地初醒，招惹了一片氤氳。陽光的溫度蒸騰出沙壤底層的潮氣，朝露一寸一寸地滲透被褥、行李，以及我們的身體。駱駝伕端來熱騰騰的奶茶暖胃，旋即又變出好幾盤水果與吐司；早餐後，眾人趕忙收拾行李，隊伍再度浩浩蕩蕩啟程，逆向撤離。

昨日的吉普車來到原地接客，像家長來迎接校外教學結束的學生。車一發動，也按下了時間的倒退鍵，一切的一切忽然光速後退：綿柔的沙在倒退，沙漠植物在倒退，營地上的我們在倒退，光和影在倒退，記憶在倒退……暖風輕拂著臉龐，睡眠不足的我

又難以抗拒地陷入睡眠，直至下一刻醒轉，我與葉子、高高已回到賈沙梅爾，三人呆坐在旅館的天台恍惚凝視來往的人潮，以及金色城市反射的金光。

從沙漠歸來不過幾個鐘頭，卻有種過了很久很久的錯覺，時光流逝得好快，好像手握住一把細沙卻留不它。
「妳們不覺得時間太快了嗎？昨日的此刻我們正準備去沙漠耶。」為了證明自己去過沙漠，我率先發言。
「是啊，怎麼一晃眼就回來了，好像沒發生過一樣。」
「妳說得對！就像沒發生一樣。可是確實發生過吧？」我有意無意地問。
「當然發生過啊。」忘了這句是誰回答的。
「有發生卻像沒發生過。」我在心中叨唸，感覺心還留在沙漠之中。

時間真的流逝得太快，當我還在細數過往，轉眼卻來到旅行的尾聲。

ᴱᶜ最長的一日

從沙漠歸來後，我們三人一起搬進新的旅館，位在巷尾的砲台附近。女孩們都很喜歡館內波西米亞風格的布置，我則特別鍾意餐廳對外的小窗，望出去是賈沙梅爾的全景。

哪知開開心心住了一晚，隔天卻被無預警掃地出門。旅館老闆理直氣壯地說房間在網上被別人訂走，我們口頭預留不算數。葉子氣得破口大罵，指著傳聖旨的員工飆髒話：「Fuck you ！I will give you a very very bad review。」小辣椒的威力十足，對方也不是省油的燈，印度生意人厚起臉皮來可不是普通厚，不過是負評罷了，不足以威脅他們多賺一盧比的意志。像我們這種參加完薩伐旅的不肥之羊還好意思佔著茅坑，當然是不囉唆，開門送客！

我們同仇敵愾，故作瀟灑離去，搬到另一間台灣友人推薦的旅館，該老闆和我的朋友是舊識，以友情價給了一間加床的大房間，足夠一次容納我們三人。因此在賈沙梅爾的最後兩天，我們就在搬家和苦惱該用什麼惡毒字眼留負評中度過。

翌日，又到了啟程之時，我和特地早起的兩位相擁告別，再度踏上久違的單車之旅。我安安靜靜地離去，猶如風中的一粒沙，被吹向哪、落在哪，都無足輕重。

——

沙漠之國的路況果真如我假想般筆直、單調，「前不著村，後不著店」是常態，任何一間小雜貨行都是珍貴的綠洲。偶爾現蹤的車輛似乎都在趕路，好像不那麼做就到不了目的地似的，唯獨軍方的車隊拖得冗長，車棚裡的迷彩服軍人直盯著我，非要我主動釋出微笑，對方才肯放鬆戒備的神情。

騎了兩個多月，總算遇見其他（也是唯一一位）單車客。一開始我還以為對方只是幻覺，我們交會的瞬間就好像對上一面鏡子，鏡裡鏡外的人皆感到狐疑，以為自己看走眼，但只需輕鬆比對，就會發現我和鏡子裡的他有著明顯的對比：他的單車沾滿塵土、歷經風霜，而我的才剛整頓擦拭、閃閃發亮；他的行頭多到快溢出來，雜物率性地捆在後座，而我的行囊收拾得服服貼貼，簡單得像在進行小旅行；他的體格壯碩，看起來身經百戰，而我乾癟消瘦，看起來弱不禁風。

名叫提姆（Tim）單車騎士來自澳洲，他以尼泊爾為起點，花費四個多月騎到這。我在初次旅行印度時也曾走過他騎過的路，領略過印度北麓的惡劣路況，實在無法想像是他如何辦到的，他經歷的艱辛肯定是我的好幾倍。

由於我們都還得趕路，只簡單寒暄、交換情報，並留下一張珍貴的合影。還記得匆匆分手前，提姆指著我的行李問：「你只帶這些嗎？」平時的我聽到那種話一定驕傲不已，可面對這位比我更正格的單車騎士，我竟自慚形穢。不知怎麼地，他的問題輸入到我耳裡卻轉譯成：「你只帶得動這些？」

沒關係，我安慰自己沒關係。我的單車之旅不過是衝動的急轉彎，為了苦己心智、餓己體膚的煽情決定罷了，只是想藉由「某種形

209

式」將無處宣洩的思念揮霍殆盡。單車旅行只是形式，既然只是形式就無須較量，「量力而為」即可。

——

嘴巴上說量力而為，卻經歷旅程中最漫長的一天。

我在剛突破百公里時鑄下大錯，明明早該結束進度找地方投宿，卻誤判形勢繼續挺進。我一直騎一直騎，騎過一百二十公里、一百三十公里……小鎮一個接著一個過去，沒有任何一個像旅館的地方。再次檢視地圖，發現自己落在兩個小鎮的對分點，無論往前往後都差不多遠。

手機偏偏在這時候跳出「電力不足」的警訊。該死！我趕緊翻出行動電源插上，但行動電源忘記充電，手機無反應。眼睜睜看著電力又往下掉一趴，頓時慌了手腳，「這下該怎麼辦？誰來告訴我該往前？還是調頭？」方才經過的小鎮雖然沒有旅館，好歹也有幾間餐廳。可是，若我的判斷沒錯，再往前一段距離就是兩條國道的交會處，那裡想必會有什麼吧？！

——「往前試試吧。」

誰？是誰在說話？是錯覺嗎？還是幻聽？剛剛好像聽見一個熟悉的聲音對我說：「往前試試吧。」我無暇分神思考，更不敢輕信自己的思路。只知道聲音好似來自心底，我決定遵照聲音的指示繼續向前。

過一百四十公里、過一百四十五公里、過一百五十公里……再次

打破單日最長里程紀錄，手機已完全沒電，失去了地圖，唯能跟從直覺前行。眼看太陽緩緩沒入地平線，我竟然還有欣賞日落的雅興，把車停靠路邊，靜靜地目送夕陽，向它告別。那一瞬間，我終於明白熟悉的聲音來自何方：那是妳的聲音。

——不會錯，那是妳的聲音。

確認這一點時險些感傷落淚，但我努力忍住，把哭的力氣省下，轉移在踏板上。齒輪每轉動一圈，力氣就減少一點，但每次感傷欲泣，我又提醒自己振作一些。我拼命騎，拼命騎，終於看到柏油路的盡頭有一個九十度的垂直彎道，另一條國道從左邊匯流而至。好消息是，我的推斷沒錯！道路與道路的交匯處有三、四間相連的商店；但壞消息是，它們全是餐廳，沒有旅館。不行了……我垂頭喪氣，真的沒體力再騎下去，看樣子唯有使出最後的「那個」方法……我得試試那個方法……

到雅典般，把一張紙條交到餐廳老闆手中。老闆讀過紙條，對我嘰哩呱啦說了些話，接著領我到餐廳更深處。

「這裡可以嗎？這裡。」對方似乎這麼說，邊說邊把床上的雜物挪開。

「多少錢？」我問。他沒聽懂。

「多少錢？」我取出盧比再問一次。這次老闆改用英文說「一百」。

「沒問題，我要住！」不住的話肯定要流落街頭。

我所使用的並不是什麼走後門的方法，而是從薩伐旅司機那裡得到的錦囊妙計，是他告訴我，如果找不到旅館就去住「Dhaba」。「Dhaba」意指「餐廳」，在此通常是指國道上供司機暫住一宿的客棧。我在臨行前請他為我寫下「我需要住 Dhaba」的拉賈斯坦文，就等此刻派上用場。

只是暫住一宿的客棧當然不得講究，昏暗凌亂的房間恍如工地，沒有門，日夜輪班的員工就睡在旁邊，睡鋪是用帆布編織的便床，附帶一張不知多少人蓋過的毯子。老闆特地從外頭拆一顆燈泡，旋入最靠近我的燈座，垂吊的燈泡因外力鐘擺晃動，使得牆上的影子忽大忽小、忽遠忽近。

直到一切安置妥當，我才吃了當天的第一頓正餐，並體會到何謂狼吞虎嚥。我拼命扒飯、吞餅，從旁偷瞄的老闆鐵定以為這個人餓了三天三夜。我發誓我從來沒吃過如此美味的塔里餐，那絕對是世界上最棒的印度菜；雖然身心俱疲，卻感覺到一種難以言喻的快樂，一種身為「動物」的原始需求被滿足的那種快樂。我一邊吃一邊傻笑，笑自己好狼狽，卻好快樂。

就寢前在餐廳後面的空地小解，手電筒打亮露天廁所遍地的排泄物，我假裝若無其事地仰望天空，一抬頭，立刻被漫天的星斗震懾。我的心被狠狠地撼動，這才發現，原來在薩伐旅之夜尋尋覓覓的星空並未缺席，而是都轉貼在這，原來我以為錯失的東西，終究會在不同的時空裡獲得補償。就算日頭西落，仍有熠熠星光；即便星光黯淡，仍有明月相照。旅途中每一次有驚無險，每一回孤獨絕望，原來都有誰默默守護。原來我從未失去。

那一夜，我睡得很沈很沈，好似飄浮在浩瀚銀河，然後夢見了妳。

護身符

忱然驚醒，查看時間：六點四十分。

鬧鐘被下意識按掉已經是十分鐘前的事。我努力叫醒自己，察看環境，花了幾秒才想起睡在國道旁的客棧。外頭的天色毫無轉明的跡象，黑夜依然籠罩著大地，唯獨門口的茶攤留了盞燈，靜候連夜趕路的卡車司機。雖然沈沈地睡了一覺，卻感覺體力只回復一半，我勉強跳下床，輕聲地收拾行李，再囫圇吞了餅乾和奶茶當做早餐，最後用一根菸的時間向此地告別。

一心想著趕路，希望在正午前趕抵焦特浦爾，為即將離開印度的葉子送行。單車旅行有時很殘酷，他人僅需半日、輕鬆愜意的移動，卻是我分作兩日的辛勤踩踏。葉子與高高已先我一步抵達焦特浦爾，悠悠哉哉地進行完城市巡禮，而我卻不在這邊，也不在那邊，卡在兩點間不具名的中途。

重新上路，立刻察覺到左邊膝蓋不大對勁，每一次踩踏都傳來關節的喀喀聲，伴隨著隱隱疼痛。不適感慢慢從膝蓋蔓延至大腿，然後是鼠蹊部，使得我的左腿漸漸不聽使喚。我越騎越慢，越騎越痛，決定先找個地方查看身體狀況。

下了車，一跛一跛地跳到路邊的石凳休息。我不禁苦笑，昨天是進退兩難，今天是動彈不得，真是「船遲又遇打頭風」。此處距離焦特浦爾估計還有五十公里，這樣下去別說要趕上葉子的火

車，搞不好又將困在半路。

就在自怨自艾之際，有輛疾駛而過的休旅車突然一個急煞，又倒回來。我聞聲抬頭看，覺得駕駛有點眼熟。

「哈囉，是我啊，薩伐旅司機。」駕駛往外探頭，露出整張臉。

「啊！是你！」我驚呼。「太巧了！你為何出現在這？」

「我們正要去焦特浦爾機場接客。你呢？」

「呃……我正在……休息。」

「這樣啊。你今天從哪邊騎來？」

「岱丘（Dechu）附近。」想到昨晚的經歷，我補充說：「對了，托你的福我才能睡在 Dhaba。我把你寫的紙條給老闆看，他們讓我睡在裡面。」

「能幫上忙真是太好了，」司機笑答，「那今天打算騎到哪？」

「焦特浦爾。」

「這樣啊。既然目的地相同，順路載你一程吧？」

我欠身看進車內，向副駕駛座的乘客致意，考慮了一下，然後說：「沒關係，反正時間還早，我慢慢騎就好。」話才剛脫口竟有一絲後悔。

「這樣啊，那我們要直奔機場囉。真的不用？」

「嗯，沒關係。」再次回絕後，我忽然想到一件事，於是說：「不過可以請你再寫一張紙條嗎？」

「當然沒問題。這次要寫什麼？」

我把想寫的內容告訴司機，他在紙上翻譯完還給我。

「謝謝！」我迅速把紙收好，自覺慚愧地低語：「希望別派上用場。」

「哈哈哈，希望如此。」司機好像也笑得尷尬。

「那麼，我們走囉。再問一次，真的不需要搭便車嗎？」

「呃……如果方便的話……」

起初婉拒，只因自己無謂的原則，但一想到腳的狀況便還是改變了心意。仔細想想搭便車也沒啥不對，除了能讓腳好好休息，還能趕上葉子的火車，一舉兩得。

吉普車再次上路。我和半拆卸的單車一同被塞在後座，以扭曲的姿勢和前座的司機交談。

「對了，一直忘了請教你的名字？」

「我的名字叫穆罕（Mukhan），他的名字是阿里。」

「處處都有阿里。」

「是啊，阿里是非常普遍的穆斯林名。」

「話說，你們為何大老遠從賈沙梅爾到焦特浦爾接客？」

「沒辦法，那是最近的機場，而且不遠啊，單程五小時左右。北印度的冬季霧霾很嚴重，火車經常誤點，有時開車反而省時。」

司機瞄向照後鏡裡的我問：「對了，你的夥伴呢？那兩個中國女孩。」

「她們已經在焦特浦爾，其中一個今天要搭火車去齋浦爾。」

「幾點的車？」

「不大清楚，暫時聯絡不上，只知道是中午左右。」

「那應該來得及。只要我再快一點。」

穆罕最後給了我三十公里的便車。雖然僅僅三十公里，不到半小時的車程，卻為我足足省下兩個多小時，不，若計算腳痛的話鐵定更耗時。

吉普車往右去機場，單車往左進市區。我想，這回說再見就真的不會再見了——再見了，沙漠中的貴人，是你給我住 Dhaba 的建議，否則我大概要流落街頭；是你好心載我一程，否則我鐵定趕不上葉子的火車。然而，面對如此無私的你，我卻自私地請你寫

216

下難為情的字句。

那時候，我拜託穆罕寫的是：請勿打擾！我很累，別和我說話。
「為何要寫這個？」他一臉困惑。
「因為那些人實在好奇心過盛。我早已不堪其擾。」我略帶憤慨
地解釋，擺明在埋怨他的數億同胞。
「這樣啊。好吧。」穆罕將寫好的紙條交給我。
「上面寫了什麼？能唸給我聽嗎？」
「『我不會說印地語。我現在很累，請別和我說話。』」「禮貌
的說法。」他補充。
「謝謝。希望別派上用場。」我將紙收好，覺得氣氛有些尷尬。
「哈哈哈，希望如此。」穆罕好像也笑得尷尬。

我把那張紙視為護身符收入懷中。當時的我並不知道，那張紙既
是護身符，也是一把傷人的利刃。

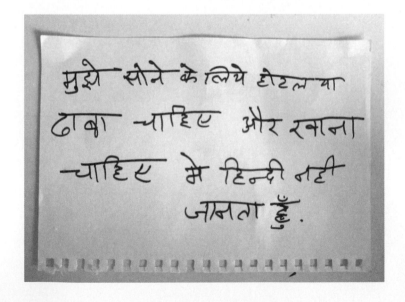

印度之於我之又愛又恨

我和高高在火車站與葉子話別，葉子拖著行李通過安檢門，轉身給了我們一個堅毅的微笑。這個小辣椒最後還是哭了，她的眼淚想必摻雜多重情緒，因為我不只一次聽葉子傾訴過印度之旅的苦，以及與我們同行的甜，嘆怨各種離愁的酸，以及準備迎接現實的辣。我旅行過這麼多國家，從沒有一個國家像印度這般同時具備了酸、甜、苦、辣。看著葉子最後的笑顏，彷彿也預見騎抵終點的自己，杵在離境大門徬徨不前。

——

從三人行變成二人行，默契很自然地切換。我和高高的旅行節奏相仿，說穿了就是一個字：「懶」。我的怠惰來自身體的疲憊，而她的慵懶來自對旅行的麻木。自從高高不再殷勤地背著單眼相機出門，我就知道這個人累了，而治癒疲憊與麻木最好的方法就是「休息」。

我們在焦特浦爾懶散度日。新開幕的青旅提供非常正當的「宅」藉口，豐盛的自助式早餐可慢慢消化到正午，鋪滿軟墊的交誼廳令人深陷到忘卻時間，若不是無線網路斷斷續續，還真找不到踏出舒適圈的理由。

懶得出門還有一個關鍵因素，那就是焦特浦爾太惱人，不只我如此認為，連平時淡定的高高都轉了性格。我們每次上街都像明星

喬裝露餡般被孩童追著跑，圍著團團轉，旁觀的大人要不是跟著起鬨，就是忙著竊笑。居民總是不厭其煩對我們說「哈囉」，攔路做身家調查，連疾駛過的機車也不放過交會的瞬間揮手招呼。

有一回，我們在巷裡迷了路，巷子盡頭有群小孩正在玩板球。眼見苗頭不對，我和高高小心翼翼後退，卻還是被誰眼尖發現。小孩們顧不得球賽進行到一半興奮地衝過來，像一群嗅到人類氣息的活屍，使我們二話不說拔腿狂奔。

又有一次，在路上遇見一個扛著燈座的隊伍。該如何描述那怪異的畫面呢？那就像剛下工的農婦們，肩上扛的不是作物，而是宗教感十足的燈。隊伍浩浩蕩蕩從後方超越，倏然停下腳步，其中兩個人忽然一左一右逮住高高，啪地同時點亮肩上的燈，示意我給她們拍張照。那畫面說有多滑稽就有多滑稽，高高的表情說有多無奈就有多無奈。我笑得肚子好痛，應婦人要求按了幾下快門。

事後我問高高：「妳不覺得地方特別怪嗎？我在印度的其他地方都不曾遇過如此執著的熱情。他們簡直把騷擾我們當作娛樂。」
「奇怪啊，當然奇怪。我都快煩死了，虧你還笑得出來。」
「哈哈哈，因為真的很好笑嘛！」我笑完繼續說：「而且，更令人費解的是，這裡好歹也是觀光大城，明明不乏外國旅客，為何他們還一副少見多怪的樣子？」

沈默……無解……

我感覺到從前在印度旅行的煩躁感已經甦醒，那個教人氣得牙癢癢的印度又出來擾客。話說回來，還不是我明知故犯、自找罪受，沒有人逼我再來印度，也沒有人拿刀抵著下令：「你去騎單車！」

219

可是，我記憶中的印度真的可靠嗎？我發現在這個國家待的時間越長，就越難掌握她的確切樣貌，特別是經歷過南方的洗禮後，我已找不到一個通盤的形容，也想不出一句概括的比喻，斬釘截鐵地說怎樣才是真正的印度。印度之大，而我的旅程之短，充其量只是瞎子摸象、霧裡看花。或許，無法一言以蔽之的印度才是真正的印度吧！

——

那天晚餐，我們用青旅的廚房煮了一頓簡單的中菜，食材來自街邊的雜貨行。高高背了一路的「老乾媽」豆瓣醬總算派上用場，任何食物只要加上一匙就能輕鬆炒出久違的中華味。終於暫時擺脫湯湯水水的咖哩，唯有這種時候我才能確定，哪個是印度，而哪個不是。

一邊把食物放進嘴裡的我忽然想通了，是「又愛又恨」！

若要以一個詞彙說明印度之於我的感受，鐵定就是「又愛又恨」。我愛她多元的感官刺激，亦恨她鋪天蓋地的文化落差；我愛她的兼容並蓄，亦恨她的階級對立；我愛她的人情溫度，亦恨她的不善拿捏。我無法愛印度的全部，也無法恨印度的全部，對印度的愛與恨從來不是比重問題，而是糾結的存在。我想，此刻的滿腹嫌惡，終究會在離開後寬心放下。我的舌頭會在某個時刻忽然懷念香料的滋味，耳朵幻聽此起彼落的嘈雜，眼眸希冀繽紛的色彩，毛孔渴望自由的空氣。

我旅行過這麼多國家，從沒有一個地方像印度這樣令我又愛又恨。

E–f 人際距離

又一次疏離的清晨，天邊渲染了魚肚白，街道在淡藍色的光譜下迎接新的一日，我發現不繁忙的焦特浦爾其實很美，宛如初生兒的肌膚般透著光。

再度啟程，並未驚擾也將離開的高高，反正她會在睡醒後搭巴士超越我，抵達下個城市等我會合。我們的共同目的地是烏代浦爾（Udaipur），在那之前我得先找個落腳處，把路程一分為二。

遠離市區後越騎越偏僻，三線國道縮減為兩線，再變成鄉間小路。我騎經一所農村小學，被放學途中的學生逮個正著，學生們用跑的追上來，我輕易將他們甩掉，卻未注意到另一邊幾位騎單車的同夥。這下可好，前後包夾。我情急調頭，在兩軍會師之前拐進一間無人的農舍，但前方已無去路。

兩面包抄的學生們集結於農舍前，朝我步步逼進，發動「十萬個為什麼」的問題攻勢。學生們都喜歡單車上的廉價碼表、變速飛輪，以及結合指南針的車鈴；他們圍著我的車，擅自彈響鈴鐺，「噹——噹——噹——」「噹——噹——噹——」三番兩次無禮的舉動終於彈斷我的理智線。我惡狠狠地怒視，以為能嚇阻這些人，卻換來嬉皮笑臉。

在那個當下，我想起薩伐旅司機幫我寫的護身符，開始東翻西找。學生們引頸企盼，以為我要分享什麼有趣的玩意兒，結果不過是

張對摺的紙。我迅速把紙攤開，將有字的那面朝向他們，眾人的目光順勢落在紙上，本能地跟著朗誦。

紙上寫的是：我不會說印地語，我現在很累，請別和我說話。

這群人讀完紙條的反應出乎我意料。我以為不懂察言觀色的屁孩會繼續嬉鬧，但他們沒有，反而是急忙認錯。帶頭的那位率先俯首道歉，其他幾位嬉皮笑臉的同學亦神色一轉，跟著賠不是，連說了好幾次 Sorry，說完旋即解散，消失的速度比集結更快。

我一個人被獨留在那，內心一陣錯愕。

想想自己幹了什麼好事？幾刻鐘前還在為突破三千公里打卡慶賀，下一刻，竟用一張護身符鎮壓包圍我的魑魅魍魎，直到對方露出再單純不過的動機，才照出真正的妖怪原來是我。

忘了在哪讀過一篇討論印度人「人際距離」的文章。印象中文章寫道：在印度，人與人的安全距離特別短（通常指心理上的），若你有在車站排隊買票的經驗，肯定領教過印度人的肚腩頂撞，或者身體緊貼的體溫吧。此外，印度人的「物權」觀念也很薄弱，就算你隨意借走擱在桌上的報紙，非但不會受到異樣眼光責難，物主也不會生氣。就我的觀察的確如此，而「小學生事件」即是最好的例證，否則他們不會毫無自制地包圍我，也不會擅自彈響車鈴。他們的行為絕非有意冒犯，而是鮮少思考「打擾他人」的可能性。

這也說明了當晚發生的另一件事。

天黑後，我騎進一個山麓小鎮，冷寂的小鎮裡唯有兩間相連的旅館，左邊的已客滿，右邊較貴的那間還些空房。我愛講價的老毛病又犯，討價還價半天，小老闆衡量我的預算，決定把平時自己休息的房間讓給我住。

「這間算你四百盧比，最低價了。」他打開門，說著說著，順手把床上的私人衣物拎走，再將鎖匙給我。

房內飄散著詭異的藍色燈光，有點像男女幽會的場所。傢俱很新，有一張雙人大床、梳妝櫃、小茶几、平面電視……廁所裡擺放各種私人用品，以及一件還沒晾乾的內褲。我放好行李，才剛要休息，卻突然一陣敲門聲。
「是誰？」我問。
「是我。」
剛剛那位小老闆站在門外，隔著門與我寒暄，詢問是否有不周之處。問到一半，他話鋒突然一轉，刻意壓低聲音說：「那個……晚上想不想來一管啊（Smoke）？」
「Smoke？你說香菸嗎？」
「當然不是啊。」
不是香菸那就是那大麻囉。「那不了，我明早還要趕路，得早點休息。」
「好吧。那不打擾你了。」

我以為成功將他打發走了，沒想到晚飯後小老闆又來敲門，又問了相同問題。我再次闡明態度，並在送走他之後確實將門鎖栓上。熄燈，睡覺。

睡夢中，被某個細碎的聲響侵擾，我嚇得彈起來，發現有人在嘗

試開門，但因為內側上了鎖不得而入。

「是誰？誰在外面？」

「是我。」──是小老闆的聲音。

我意識恍惚地跑去開門，用一隻腳抵住門板，只留一道縫隙。小老闆彷彿來抓姦般，賊頭賊腦地朝門縫裡窺探，問說：「你真的不要來一管嗎？」

他自己來就算了，這回竟然還帶了朋友……說真的，若不是寄人籬下，我一定會破口大罵，但我選擇耐著性子再次向他解釋：「真的不了。如你所見，我已熄燈就寢，明早六點就要上路，請讓我休息吧。」如果我知道「大發慈悲」的英文怎麼說，一定會放進句子裡。

趕路其實是藉口，實情是，「果亞男孩」的故事令我不得不引以為鑑。再者，他們嘗試開門的舉動令我非常震驚，若非門內上了鎖，兩人大概已經闖進來默默坐在床緣，不假思索地搖醒我了吧。

唉……難道這就是印度人的人際距離嗎？這就是印度人的物權觀念嗎？你的就是我的，我的就是你的；你的房間大方供我睡，所以我的時間該是你的。

小老闆離去後，我按開手機查看時間：接近十二點。距離鬧鈴響剩下不到六個小時。行行好，請別再來打擾。

長途旅行的必然

聽聞此去不遠有座山，就地理位置而言是焦特浦爾和烏代浦爾間的隘口，換句話說，即為前往烏代浦爾的必經之路。沒意外的話，它將是最後一座必須翻越的山。

我戰戰兢兢地騎去。山林忽然將我包圍，四周寧靜異常；左側有一曲清溪，右側是岩石峭壁，頭頂則是被椏枝剪碎的藍天。清晨的氣溫比預期更冷，即使套上長袖與防風外套，依舊凍得我四肢僵麻。山路雖陡，但考驗的時間不長，差不多該歇腳的時候已不覺來到山頂。在山頂的小商店休息，點了杯熱奶茶暖身，這時間來光顧的客人除了我，大多是附近的務農男人，他們頭纏著頭巾禦寒，打扮成印度人給人的刻板造型。我們一起喝茶，一起等待山頂的薄霧消散。

或許是地質所致，山的另一邊到處是大理石店：「Namaste Marble」、「Shiva Marble」、「Hindustan Marble」、「Happy Marble」……諸如此類。我不禁在想，這麼多大理石店該如何避免取到重複的名字？我一邊騎車，一邊思考此類無謂的問題。不知從何時開始，思考無謂的問題已成為孤獨旅途中最根本的娛樂。

進度意外順利，下午三點多已抵達烏代浦爾，住進一間名叫「The Journey」的青旅。高高先我一日抵達烏代浦爾，已完成城區探路，並體貼地留下主要景點待我同遊。以我們個性當然沒有參加青旅

的團康活動，而是以一貫的一知半解去認識新地方。

〇〇七系列電影《八爪女》曾在烏代浦爾取景，片中最吸睛的畫面絕對是湖心的純白色皇宮飯店，以及圍繞它的比焦拉湖（Lake Pichola）。湖的方圓數哩有觀光客嚮往的印度，集結了帝國皇宮、殖民歷史、湖光山色、電影場景……各種商業資源水到渠成。然而比焦拉湖以外的，是晚期擴張、髒亂且失序的印度，觀光發展使得寧靜的小鎮忽然人聲鼎沸，洶湧的人流如滿溢的湖水無處宣泄，四處蔓延。

請容我用「光明與陰暗」這般八股的比喻形容烏代浦爾，我天真地以為從焦特浦爾逃到烏代浦爾，迎接我的將是靜謐的度假生活，卻忽略了一件關鍵的事：觀光的力量。烏代浦爾正如許多印度城市陷入觀光發展（光明面）所帶來的後遺症（黑暗面），遊客嘻嘻鬧鬧、來了又走，留下一堆印度人無力補救的爛攤，而來不及收拾爛攤的印度人還不滿足似地，招攬更多的觀光客。

不過，這並不表示我全盤否定烏代浦爾，特別是當你在日暮時分登上纜車終點的山頭，將遇見比焦拉湖的另一張面容。放眼望去，湖面比想像中寬廣，不規則的輪廓宛如一張大陸地圖，船行於水上，拖曳如彗尾的漣漪，夕陽每下墜一點，都像在湖裡滴幾滴顏料，改變了湖水，乃至山的顏色。我為美景所著迷、感動，忽然體悟到「登高遠望」的意境。

──原來有些事必須站得更遠才顯得更美。

距離將一切拉遠、微縮，使得瘋狂的人車、悠久的遺跡、嘈雜的街巷……都暫時於己無關，難得能以超然的態度、客觀的眼光體

察現下。奇妙的是，距離亦將一切拉近、放大，當擺脫了外在的感官刺激，心底的聲音竟變得無比響徹，甚至能觸碰到自己的心境，並且——可說是不得不地——承認「它」的存在。

我一定是旅行夠遠了才經常胡思亂想。

我在想，倘若有扇任意門「砰」地乍現眼前該有多好。假如願望成真，希望門後的場景就是我的家。請別誤以為我戀家，只是偶爾也有「想回去看看」的念頭，只是想親眼確認一切安好，就像親口透過飲食一解鄉愁，我並不貪心，只要淺嘗即可。

沈醉於日暮，我與高高分享了那分心情，很高興她也能感同身受。搞不好這是長途旅行者都患過的病，不免在「旅行」與「鄉愁」間徬徨搖擺。那天，我把那分鄉愁寄予日記：

三個月，是我始終擺脫不了的旅行瓶頸，雖說旅程即將結束，但幾乎可預期地，將結束在身心疲憊的狀態。我總在這節骨眼心理失衡，老是錯過見好就收的良機。

我開始對景點失去興致，對環境心不在焉；感動的時刻減少了，錯過什麼也不罪惡。究竟是對旅行倦怠，還是對漸漸趨近「生活」的旅行產生質疑？我還在路上，難道只為了向誰交代？當旅行變成只是履行，便更難解釋其意義。

或許這就是長途旅行的必然。

或許這就是近鄉情怯。

旅行之路雖然千迴百轉，回家的路卻是筆直的單向道，一旦回去就是回去了，印度可不是說來就來的地方。我得認真想清楚，真的要回去了嗎？我準備好了嗎？

距離返家還有兩個星期。

距離終點約莫五百公里。

平安夜之後，跨年之前

這次說再見就是真的再見了，不同的是，輪到我目送旅伴離去。

高高的旅程自烏代浦爾後與我分岔，她打算用剩下不到一個月的時間在南印旅行。意味著此後我們不再是一前一後的同路人，而是經由鐵軌轉轍、奔往不同方向的列車。

「南印度真的很不一樣喔，不必認真比較也會發現空氣裡的成分不同。我特別喜歡孟買、阿旃陀石窟，還有漢比……如果想到海邊，低調的戈卡納很不錯。這麼說來，只要再往南一點就是我和葉子相遇的邁索爾，我們都很喜歡那裡。對了，對了，行有餘力的話，喀拉拉邦也很棒，如果妳有去喀拉拉，千萬別錯過我愛的科欽。」我滔滔不絕地提供建議，壓根兒忘了高高的時間不多。原來不知不覺中，我已累積這麼多美好記憶，就好像每天投幾枚硬幣進撲滿，直到某天捧在手心，才驚覺它沈甸甸的。

這半個多月因為有葉子和高高作伴而增添許多歡樂，本以為單車旅行註定要與結伴絕緣，沒想到先後換過幾個地點，一路笑笑鬧鬧至此，時間已來到年末。再次回到一個人的我，勢必得重新適應歡笑的密度、沈默的重量，以及孤獨的質地。

那天在抵達目的地前，我在國道旁的候車亭裡小歇，一個人坐著抽比迪菸，望向亭外亮晃晃的大地出神。不知何時，眼角餘光多出一位髒兮兮的男孩，他走進亭子，目光落先在我的車上，再轉

向我，似乎正用思路在連結兩個物件。他選擇離我最遠的角落靜靜坐下，分坐的兩人就像候車的陌生人，等待各自姍姍來遲的巴士。小男孩始終不發一語，不尋常的沈默反倒令人不太習慣，於是我取出一包花生米，問他是否也來一點。但對方沒有開口，只管搖頭拒絕。

我自顧自地將花生米送入口中，間歇送進耳裡的只有呼嘯的車聲、細微的風吹草動，以及咀嚼的聲音。我不記得小男孩製造過任何聲音，渾身黑的穿搭和膚色使得他像極一幢沈默的影子。雖然說來荒唐，但當下真心覺得他是誰派來陪我消磨時間的使者，任命的人想必很了解我的個性，他知道我要的是心靈的交流，而非殷勤的叨擾。

「好舒服啊。」內心不由得冒出這番感想。一切都恰到好處，我一直以來企盼的不正是這種人際距離嗎？可惜在印度求之不得。於是我煽情地假設，小男孩是妳安插陪我過節的角色，妳知道我又回到一個人，正在重新適應寂寞。

那天正好是平安夜。

十二月二十四日的傍晚，隻身來到奇陶加爾（Chittorgarh）。這小鎮鮮少有外國遊客造訪，有的話也鮮少留宿，而是以烏代浦爾為據點單日往返。鎮裡的岩山上有座大得誇張的城堡，流傳無數可歌可泣的故事，據說過去拉吉普特人（Rajput）為了抵禦伊斯蘭軍隊入侵，經歷過三次死傷慘重的戰役，男人為了保家衛城英勇上陣，女人則為了名譽而引火自焚。因此在這「印度教」與「伊斯蘭教」昔日的征戰之地別奢求什麼耶誕氣氛，此處容不下第三種宗教攪局。不過，沒有聖誕氣氛也挺不錯，沒有聖誕節就沒有

團聚的必要，沒有團聚就沒有道賀的需求，沒有道賀就不會彰顯孤獨的存在。

鎮上唯一貼近聖誕氣氛的元素就只有「氣溫」。白天的燠熱在入夜後被凜冽徹底取代，使人誤以為「冷」才是這裡的本質，依稀記得離去的清晨，街口的電子看板顯示戶外只有攝氏七度，這種程度的冷在台灣肯定已登上新聞頭條，但在這裡卻是尋常的冬日。

冷穿透了我的身體，滲入我的心。

——

隔日繼續移動，展開旅程的倒數第三段騎乘。方向明確朝北，每往北邊一點，旅程的長度就縮短一些。我能夠感覺到什麼正在減少，而交換來什麼逐步逼近，那是比肌膚對冷的感受更確切的知覺。

我來到奇陶加爾和普希卡（Pushkar）之間的小鎮，名叫比賈納卡（Bijainagar）的小鎮比預期熱鬧。由於只停留一晚，所以選了最便宜簡陋的旅館，房間是陽春的木板隔間，任誰經過都會傳來紮實的腳步聲，床也會跟著震動。儘管如此，我還是喜歡這個小房間，它讓我憶起某些旅行片段，那個線上訂房尚未蓬勃，必須挨家挨戶找住宿、倚賴一眼直覺決定去或留的年代。有時候，我也很喜歡這種匆匆停留，不管你留給對方，或對方留給你什麼印象，分手後都是過眼雲煙。

怎料翌日退房時，旅館大門竟然被員工從外面反鎖……儘管昨夜

再三提醒過要提早退房，他還是忘得一乾二淨。清晨六點，室內靜悄悄的，無從推敲那男子睡在哪個房間，心慌之餘，我試著撥打牆上的電話。前兩通沒人接聽，換支號碼再試，電話響了幾聲，終於傳來一個陌生的聲音。

被無辜吵醒的是旅館的老闆，他帶著惺忪睡眼跑出來，好似睡過頭的小學生慌慌張張。對方得知我騎單車後，又馬上收拾慌張，以印度式的不慌不忙邀我喝杯茶再走（他才正要去市場買茶）。可惜出發的時間已經耽擱，只好婉拒他的好意。

離開旅館後我想，若沒有下一個目的地，沒有終點，我一定願意坐下來閒聊，以滿足他的滿腔好奇。我難得心情愉悅，並未因他們交接失誤生氣，而是一反常態地寬容原諒，可能是意識到旅行已接近尾聲，想在有限的時間裡製造更多正面回憶吧。

人總是到最後才學會放寬底限，鬆綁原則。我們在心裡約定好，不管彼此留下什麼印象，分手後都是過眼雲煙。

終點 I 普希卡的錯誤步調

此去北上不足九十公里就是下個目的地：普希卡。我在旅途中已數度聽聞她的聲名；若你正在拉賈斯坦邦旅行，順手抓幾個人進行好感度普查，普希卡肯定榜上有名。不過正所謂物極必反，也未必沒有批評的聲音，我曾遇過極度厭惡普希卡的旅人，嫌棄她過猶不及的烏托邦氣息，或令人嗤之以鼻的商業化。各種正反意見令人既期待又怕受傷。

我貪圖開幕促銷在網上預訂了一間位置偏僻的青旅。新開幕的青旅充滿各種詭異：首先，青旅所在的透天厝並未給人旅館的認知，反倒像蓋到一半的民宅，未修飾的水泥牆面或許是打算營造極簡風格，但弄巧成拙變得更像工地。半信半疑牽著車進入屋內，非但找不到接待處，甚至連個人影都沒有。

「有人在嗎？有人在嗎？」我連喊了幾聲，隱約聽見細細的流水聲嘎然而止。某扇房門忽然打開，一位裹著浴巾的青年站在那兒，他背後的房間凌亂得像一年沒打掃過。
「抱歉抱歉，我正好在沖澡，」青年邊穿上衣邊說：「你好，想必你就是 Mr. Chang 吧？」這位頂著蓬頭捲髮，戴粗框眼鏡，看起來恍神邋遢的青年正是青旅的老闆，名叫因夏（Insha）。

穿好衣服的因夏領我到二樓的房間，要我隨意挑張床。明明是開幕促銷期間，生意卻出奇慘淡，我只付了一張床的錢就獨佔其中一間通鋪，以為要獨自在這詭異的地方過夜。所幸當天稍晚，隔

壁又來了兩位孟買女大生，聽說是觀星社的社員，來普希卡追星星。我們一起移動到天台聊天，黃昏的落山風把屋棚吹得啪嗒啪嗒作響，因夏取來一只鐵盆燒火取暖，把餅乾包裝袋、寶特瓶等垃圾當燃料，揚起的濃烈白煙彷彿想湊熱鬧似地到處亂竄。

我們在有毒的空氣裡談天說地。因夏說，他的老家在拉賈斯坦邦的首府齋浦爾，因為愛上普希卡而遷居，他並未解釋愛上普希卡的理由，倒是女大生隨後附議的話說明了一切。她們其中一位對我說：「你不知道嗎？普希卡就是『山中的果亞』啊，你去過果亞嗎？」

普希卡是「山中的果亞」？我聽過這麼多傳言，倒是頭一次聽到這種說法。

「再過幾天，你會見識到瘋狂的普希卡。派對！派對！派對！」女大生接著說，口氣非常興奮。

時屆年末，紛紛朝此集中的遊客不單只為傳聞，更為了跨年派對。

──

隔天上午，因夏面有難色地來找我商量一件事。正好，我也有事要向他反映。

因夏正在為旅館定價的事苦惱，簡而言之，他是要通知我網上公告的房價有誤，希望我補足差額。不論話裡有幾分真實，我都打定主意不退讓！因為我要反映的事也和住宿有關。

昨夜，我在睡夢中被冷醒，開燈搜索風的來源，驚覺床頭的窗竟然沒裝玻璃，風從水泥縫隙鼓鼓灌進來，直搗我的腦門。三更半夜、四下寂靜，只好暫用空床上的毯子充當窗簾，仍擋不住強勁的寒風。我向因夏反映此事，反將一軍。見成效不錯，又借力使力再下一城，抱怨關於熱水的事。

網站上標註「有熱水淋浴設備」，到了現場竟變成一根超大的「電湯匙」。因夏把電湯匙和水桶一併交給我時，我還覺得新鮮有趣，然而當我插上電，癡癡望著毫無動靜的水面，突然覺得自己好像笨蛋。這時斜對面房的房客忽然現身，那位來自比利時的高個子指著水桶嘲笑說：「嘿，老兄，你一早在燉湯嗎？」

我苦笑答道：「老闆說只要二十分鐘，可是我等了四十分鐘水還沒滾。」

另一位矮個子義大利男隨後出現，他們兩位是另一間房的住客。我後來跑去參觀他們房間，不看還好，一看笑到歪腰，他們的水泥窗也沒有玻璃，並和我一樣把能遮風的東西全都掛上，不說還以為走進地毯展示間。

「我貪小便宜訂了九天，錢都付了，現在該怎麼辦？」義大利男嘆了口氣想討拍，卻換來室友無情調侃：「如果老闆捲款逃跑也不意外，這裡就像隨便借個空屋打造的幌子。你的錢大概拿不回來了。」一高一矮的兩人一搭一唱好像什麼搞笑團體。我順勢加入他們，三人成虎醞釀揭竿起義。

我們所做的並不是什麼有計畫的抗爭，而是一個接一個，如一根根壓垮駱駝的稻草。比利時男率先發難，他到頂樓找因夏理論，

過程不詳，不過似乎挺順利的，他其實沒什麼好討價還價，畢竟退房在即，不過是為吃悶虧出口氣；義大利男在比利時男後趁勝追擊，如願獲得退款的允諾，問題他是在網上刷卡付款，在迷糊的老闆弄懂如何刷退前，唯能暫時留下。

同日下午，我一逮到因夏就發動攻勢。我假想場面會弄得尷尬，誰知他卻像一張洩了氣的皮囊，揮過去的拳毫無反作用力。他失去反擊的意志，彷彿厭世已久，病懨懨地從口袋掏出一疊鈔票，一張張數還給我。數到最後發現錢不夠，才說：「剩下的兩百盧比晚點給你好嗎？」

好啊，當然好，要我怎麼說「不好」？要是誰不明前因後果斷章取義，必定會指責我落井下石。見他那樣，我不由得思索：「他真心喜歡普希卡嗎？來此經營旅館後，仍然喜歡普希卡嗎？」那我呢，若將內容代換，以相同句型反問自己：「我真心喜歡印度嗎？來印度騎車以後，仍然喜歡印度嗎？」人在下決定前都難免抱持期待，但期待若未如願以償，是否還能頭頭是道地為自己辯護呢？

得知我將退房的女大生們以為我不留在普希卡跨年了，其實我只是低調地搬進城內。她倆已和因夏打成一片，每天廝混到三更半夜，大概是帶著高倍數望遠鏡去追星星吧。值得欣慰的是，至少還有人願意留在這怪異的地方，至少有人願意承受缺點與不便。到頭來只有自己人能理解自己人。

終點 II 孔雀賓館

直到後來搬進那間名叫「Mayur」的賓館，我才漸漸體會何謂普希卡的正確步調。感覺就像把萎靡的植物移動到光照、濕度，通風適宜的環境照料，總算慢慢活過來那樣；而我也是那時才知道，「Mayur」在印地語是「孔雀」的意思，而孔雀是印度的國鳥。

從城郊的青旅退房後，我決定不再相信訂房網站，而是回歸最原始的方法找旅館：眼見為憑。我靈機一動，騎車到巴士站，偽裝成剛抵達的樣子等待捐客上鉤。果然，魚餌剛下就馬上有動靜。一位瘦小的印度男貼過來，手拿一張名片問說：「你在找住宿嗎？」

「是的。你有住的地方嗎？」

「有啊。一個人？」

「嗯，一個人。正確來說還有這輛車⋯⋯」

「我還有一間不帶衛浴的單人房。至於你的腳踏車可以停在樓梯間。」

「價格呢？」

「兩百盧比一晚。」

「一百五十？」我殺價。

「Sir、這價格很便宜了。接近跨年一房難求，不如先看看房間再說吧。」

「好啊。不過在跟你走之前，我想先確認一件事：你的地方有熱水吧？」

「哈哈哈，當然有啊。」

我們邊走邊聊。

這位名叫尼向的男子並不是什麼捐客，而是孔雀賓館的經營者，他才剛從朋友手中承接下賓館不到兩年（沿用原名）。尼向解釋，賓館若有空房，他就會趁巴士到站時碰運氣攬客。

回頭想想，我能夠領略普希卡的獨特步調，與孔雀賓館有很大關聯。賓館嚴格來說是向隔壁民宅分借的空間，兩邊僅僅一牆之隔。窄小的出入口掛了一道布簾，布簾內雖稱不上別有洞天，卻給人一種豁然開朗的驚喜。中央小巧的庭院像一口大尺寸的天井，吸納了充足光照，庭院的一側有幾間客房，另一側是尼向五臟俱全的辦公室，牆壁一致漆成婆羅門階級的藍色，或許與隔壁住戶的種姓有關。

我的房間位在二樓，房裡只有一架單人床；牆壁上貼了幾張海報，類似月曆裡的風情畫，其中一張上頭寫著「Life is a process of self discovery.」（生活是自我探索的過程），整句話好像衝著我來。房間雖然單調，卻不知為何有著使人深居簡出的魔力，好比野獸冬眠的巢穴。

我更上一層樓，空曠的天台令我想起甘納許家的屋頂，那個我和希達玩捉迷藏時躲藏的地方。房子與鄰宅緊連，用力一躍就能跳到別戶，好幾次隔壁小孩的風箏不小心落到這邊拜託我撿，才發現普希卡的晴空裡好多風箏。尼向說，跨年後緊接著就是風箏節，可惜我無緣見證漫天風箏的景象。

無須討價還價了，所需要的東西一應俱全：一間有隱私的住房、一張堅固的床、訊號穩定的無線網路、無須久候的熱水淋浴，當

然，還有和善的老闆。這些已遠遠超出兩百盧比的價值。

——

普希卡的巷弄盤根錯節，其中最明確的地標必屬正中心的普希卡湖，湖周圍有五十幾座大大小小的河壇，是印度教徒沐浴淨身的神聖場域。平均不足五米寬的環湖道是全普希卡最熱鬧的地方，集結多國料理餐廳、咖啡吧、茶館、香料行、皮件店、寶石藝品店、紀念品店、祭祀品店，以及各種小食攤販、三輪車、遊客、朝聖者、聖牛……環湖道的末段岔往城裡的信仰中心——梵天廟（Brahma Temple），據說是印度唯一以「梵天神」為主祀的寺廟。印度人以朝聖之名來到普希卡，而外國旅客常不明就裡地，加入印度教徒的行列，自認為受到聖城的感召與淨化，身陷於此久久不去。

當天中午，偶然認識了孔雀賓館的其他住客。理惠小姐和井上先生在我候餐時一前一後地走進餐館。
「咦？沒位子嗎？」井上先生探頭掃視，像在自言自語。
「坐在那裡如何？」後頭的緊跟上的理惠小姐指著我旁邊的座位，說完，他們便坐下來。我見老闆在廚房裡忙著，好管閒事地幫忙遞菜單，兩位直覺以日文道謝，我則用破日文解釋自己不是日本人，並和他們聊了起來。

理惠小姐擁有日本女性典型的白皙肌膚與單眼皮，纖細的髮絲梳理成馬尾，給人乾淨清秀的印象，她不是那種「來到印度就跟著打扮成民族風」的女生，服裝始終樸素，推測年齡應該與我相當。對比之下，一旁的井上先生顯得稍有年紀，他講話中氣十足，吃東西很快，專注發言時眼眸會閃閃發亮；井上先生一身旅行家的

卡其色，頭戴漁夫帽，攜帶笨重的單眼相機，想必很著迷攝影。只要稍加推敲，便能得出風格迥異的兩人都是獨行旅人的事實，肯定是在哪裡偶遇結伴。果然，一問之下得知他們住在同一間旅館，再問才發現，我們都住在孔雀賓館。

於是，我在孔雀賓館的日子裡有了新夥伴。

——

有時候緣分是個迴圈，一旦掉進去就只能隨之轉啊轉。我因為在巴士站遇見尼向而住進孔雀賓館，又在餐館碰巧結識同賓館的日籍住客。巧合不僅這些。當我把換旅館的事貼到臉書，馬上收到在媒體工作的朋友留言：「這不是孔雀賓館嗎？請代我向托利問好。」原來我歪打正著入住朋友打算推薦的旅店。不過賓館早已易主，原本的經營者——波利和托利兄弟檔是隔壁住戶。雖不清楚易主的原由，卻透過友人撰寫的報導略知隔壁家的八卦軼聞。

住在隔壁的家庭是正格的婆羅門階級（難怪房子漆成藍色），不過就算寄宿在婆羅門屋簷下，也不會有出入優越的感覺——雖然階級觀念根深蒂固，但不會無故端上檯面。據說波利、托利兄弟倆原本感情和睦、談笑風生，卻因為財產和婆媳等問題漸漸築起高牆。一棟屋舍，兩戶同居，哥哥波利因活在傑出弟弟的陰影下鬱鬱不得志，時常與配偶起口角；弟弟托利則早已受夠兩家人剪不斷理還亂，渴望自立門戶。這是一齣藍色屋子裡每日上演的肥皂劇，眾神也難斷婆羅門的家務事。或許正因如此，賓館才易主經營。

我和理惠、井上，雖然住在同一間賓館，卻有著保持距離的默契。

我們通常只交集在用餐時段，三人輪流選店，吃比平時更久的飯。飯後，或許在巷弄來回晃蕩，或許在河壇發呆，又或許原地解散各自打發時間。因此，若要細數在普希卡的一個多星期所發生的事，鐵定淪為無聊的流水帳，然而正是那種重複的無聊，讓即將邁向終點的我安然地放慢步調。我漸漸學會不去思考明天的事，賴床就賴床，吃飯就吃飯，滑手機就滑手機，走路就走路……任何行動都很單純，沒有背後的衍生義。或許「活在當下」就是這麼回事吧？只不過我連「是否活在當下」的這個問題都忘了思考。

旅程在普希卡轉啊轉地繞不出去。我不確定要待多久，每當猶豫著要動身，尼向總會一派輕鬆地對勸退說：「沒關係，想待多久就待多久。不過我敢保證，你會一直待下去。」如果理惠也在場，他便會以她為例補充：「你看她一口氣預訂了兩個星期。」

有時我會想，像普希卡、漢比、戈卡納……這類的地方，若只是匆匆一瞥未免太可惜，如果不能百無聊賴地虛擲光陰，肯定無法領略箇中醍醐味。只是，普希卡究竟何處與眾不同，是天候？是步調？還是神性？或者該全推給神祕的磁場呢？可能誰都說不出個所以然。

——

居留數日，始終未到信徒必訪的梵天廟參拜，倒是比較常泡在「濕婆咖啡」（Shiva Cafe）。那是孔雀賓館附近的一間咖啡雜貨店（老闆就叫 Shiva，一如許多印度人喜歡借用神祇名），時常聚集許多吞雲吐霧的老嬉皮。我特別喜歡濕婆咖啡的烏托邦氣息，宛如一扇永遠敞開的門恭迎芸芸眾生。我不藏私地把它推薦給理惠和井上，後來竟變成井上先生成天嚷嚷著要去濕婆咖啡。

除了濕婆咖啡，井上先生還迷上了去「吉普賽人家」。某天早晨我們坐在濕婆咖啡喝早茶時，理惠突然問起吉普賽人的事。井上先生接過話題，取出單眼相機，得意洋洋地展示他的戰利品——吉普賽人的生活照。據井上先生所言，吉普賽人「臨時的家」就在近郊沙漠中，他去吉普賽人家不為別的，當然是為了滿足攝影癖。我聽說（其實是井上先生說的）四海為家的吉普賽人性格剽悍，因此他每回拜訪必準備三百盧比的通關費，以祈拍攝順利。

看著相機裡景深明確、主體銳利的照片，不禁懷疑他們是吉普賽人的證據究竟為何，簡直跟坐在濕婆咖啡的老嬉皮沒兩樣嘛！畫面切換到一張眼鏡蛇的照片，再下一張是吉普賽婦人擠弄毒牙的畫面。井上先生激動地說：「你們看！你們看！這就是吉普賽人的眼鏡蛇。」下一張，再下一張，後面是無數眼鏡蛇特寫……

我們假裝感興趣，而且我可能裝過了頭，井上先生才會對我發出同遊邀請。那幾天下午井上先生一見到我，必定問我是否一起去找吉普賽人，非要我三番兩次找藉口推辭，他才明白我的真意。

至於沒有受邀去找吉普賽人的理惠，她原先在日本從事派遣工作，利用合約過渡期來印度度假，這是第四次印度之旅。我猜她對哪裡適合休養一定有強烈直覺，也很明白自己想要什麼樣的假期，否則不會毅然決然地付清兩星期的房費。或許是錯覺吧，有時我覺得理惠的靈魂特別輕，輕得沒存在感，如果普希卡有個慢活俱樂部，她絕對夠格當核心會員。

我和理惠相處的時間雖然比井上先生多，但交談時間搞不好更少。即便如此，與她相處依然非常自在，彷彿靈魂也隨之變輕似的。我在心中祈禱她也能感受到同等的自在。

有一次，我們登上附近的小山等待日落，聊起了關於「普希卡的魅力」的話題。當時理惠望著山下的普希卡湖，輕描淡寫地說：「你不覺得普希卡很『いごこちがいい』？」

「いごこちがいい？」我翻查腦中淡忘的日文，順利浮現「居心地」這三個漢字。霎時間，那三個字如子彈一發一發射入我的心臟，使心跳落了幾拍。

「居心地」，中文可譯作「愜意」或「舒適」，可我當下覺得日文的「居心地」比中文的「愜意」更有畫面。「心」擺在「居」和「地」兩字中間，彷彿理惠在說的其實是：「普希卡是可以將心安穩放置的地方。」

我百思不得其解的問題，終於有人替我道出答案，是「居心地」沒錯，是「安穩」沒錯。我想，普希卡就像這些日子欺負我欺負夠本的印度派來講和的使徒，她動搖我心中的天秤，在「正」的那邊加了幾個砝碼，意圖在最後一刻扭轉結局，來個評價大翻盤。

後來的日子裡，井上先生依舊每天去拜訪吉普賽人，理惠持續以慢靈魂定居慢活俱樂部，而我在兩者之間找到一個不孤單的平衡。待我體悟到「普希卡是可以將心安穩放置的地方」之時，其實早已將心安穩地放在那裡了。

那是二〇一六年最後幾天的事。

終點Ⅲ是桃花源

跨年將至。

尼向說，來普希卡跨年的遊客通常分散到兩處，一是在普希卡湖旁的「日落咖啡」盡情享受 Live Music 和自助餐。一是參加沙漠營火派對，去沙漠幹「任何事」。無論去日落咖啡或營火派對，入場費都是昂貴的一千盧比。我原先預想，越接近跨年，人潮會慢慢把普希卡擠得水洩不通。不過情況恰好相反。跨年當天，我所感受到的是海嘯登陸前的異樣寧靜（當然我沒親歷過海嘯），彷彿有什麼在不知不覺中猛然後退，並在後退的同時把什麼悉數捲走。

那些被捲走的東西是否會再被吐出來，暫時無人知曉，至少我、理惠和井上先生都不知道。我們都是跨年的局外人，沒有人在跑道盡頭為我們拉起二○一六年的終點線，也沒有人站在二○一七年的那頭揮手歡呼。

即便是二○一六年的最後一天，我們照舊平淡度日，一如往常登高遠眺，一如往常吃便宜的塔里餐，一如往常餐後散步。或許是為了營造更凜冽的冬季意象吧，冷空氣挑準這個夜晚直驅南下，我一貫的短褲和亞麻襯衫已不合時宜，不加緊腳步身體就會冷下來。井上先生因天冷已先行回房，我和理惠則打算再流連一會兒，多少沾染些跨年氣氛。

我們已經在巷子裡來回無數次了，然而今夜的普希卡街道一如氣溫般清冷，許多店家不約而同提前打烊，徒留搖頭甩尾的牛、無精打采的流浪狗。究竟大家都躲在哪裡？即便是名聲響亮的日落咖啡，人潮也稀稀落落，只能假設人都往沙漠去了，去那裡做「任何事」。

儘管如此，我們並不失望，因為打從開始我們所追尋的就只是人潮的熱氣，只想從旁偷瞄幾眼，並非認真追求慶祝的參與感。我們都累了，說得更坦白些，是對旅行感到疲倦，身體已承受不住驚天動地的狂歡，心已容不下為嗨而嗨的熱情，只想平平淡淡跨過去就好。

時間毫不遲疑地前進，二〇一六年果斷後退，日本率先跨過去了，台灣也接力跨過去，再過兩個半小時印度也將隨地球自轉進入二〇一七年。

倒數前幾分鐘，我們登上旅館的天台，位置雖不高，但足夠窺見小鎮的點點霓虹，燈光最奪目的日落咖啡比幾小時前熱鬧許多。另一邊的民宅傳來咚滋咚滋的電音樂，那群人放縱地笑鬧、尖叫，或許是情緒太過亢奮，幾個倏然竄出的黑影冷不防地發射當晚的第一發煙火，偷跑數十秒的煙火好似信號彈般觸發日落咖啡跟著點燃信號，結果一發不可收拾……

跨年煙火足足偷跑了一分鐘，從日落咖啡、民宅、沙漠那邊紛紛衝向天際，此起彼落地照亮夜空，整個普希卡因此提前一分鐘跨入二〇一七年。無所謂，管它提前或遲到，反正晨曦之後二〇一六年都將成為過去式。

當晚的最後一發煙火約莫在凌晨一點半熄滅，冬夜終歸寧靜。我窩在床上反覆刷新臉書，台灣那邊已凌晨四點，再過不久朝陽就要升起，而且肯定一如往常地，許多早鳥在太麻里海邊守候第一道曙光，把酒狂歡的人醉倒在不收班的捷運，通宵達旦的熱血青年正前赴升旗典禮……一切的一切，一如往常。

仔細回想，這是我活了三十二年第一次在異國跨年。我的第一次長途旅行獻給印度，第一次寫書獻給印度，第一次單車旅行獻給印度，第一次異國跨年也獻給印度。我把許多第一次獻給印度，卻老是對換得什麼感到迷惘。我想這分迷惘勢必會跟隨我回台灣，帶進我未來的人生。

新的一年，在孔雀賓館又延住一天。最後一天。

在普希卡的最後一天終於去了梵天廟，有樣學樣地跟日本旅伴上廟進行初詣（新年參拜）。此時被捲走的東西已通通被吐出來，城裡熱鬧非凡，甚至更盛以往。

除了參拜，理惠還打算為自己挑一顆礦石當作新年禮物，她一家家店尋覓有緣的石頭；井上先生正忙著收拾行李，他即將離開普希卡。至於我，還有最後的瑣事要辦，旅行的終點可不像二〇一六年的日曆撕完，換一本就是厚重的二〇一七年。

首先，我得把無用的行李丟掉，以騰出一些空間塞人情紀念品。被洗鬆的內褲丟掉、曬得褪色衣服拋棄，用不著出場的雨衣轉贈尼向，剩半瓶的防曬乳送給理惠。進行汰舊的同時，覺得自己好像脫殼的蟬或蛻皮的蛇，不曉得除去累贅後能否也跟著蛻變？

接著是調查「打包單車」的情報。我在 Google 鍵入「Jaipur ___ Cycle Shop」，跳出幾條搜尋結果，尼向代我致電過去，其中一間單車店表示還有幾只空箱，歡迎隨時登門。心中的大石大致落定，我只需專心、平安地騎到齋浦爾，然後走進單車行打包車子。

翌日，輪到我向普希卡告別。

為了避開來時的隘口，這回刻意選了另一條相對平緩的路，卻意外遇上晨間的濃霧。霧徹底覆蓋去路，連人帶車一併吞噬，為了安全起見，我加裝車頭燈和尾燈，但按下開關竟發現兩者都不亮。車燈是為夜騎準備的，壓根兒沒想到最後會遇上濃霧而疏於檢查。

我盡量靠邊騎，放慢車速，有驚無險地拐過幾個彎道、爬過幾段上坡，忽隱忽現的路突然急轉而下。順著坡小心翼翼地下滑、下滑，此時霧又像來時般毫無預警，開始轉淡、變疏。遠方有個市集越發清晰、放大，我定睛看，發現市集就在兩條幹道的交匯處。

「謝天謝地。」濃霧並沒有狠心將我吞噬，反倒護送我到對的地方。

我停下車，喝了杯奶茶，凝視著像道結界的霧，心中竟浮現有什麼再也回不去的感受；就算我逆向穿過那片濃霧，普希卡也不在那兒了。

「是桃花源啊。」有個聲音對我說。這次不是妳的聲音，而是來自心底深處的「我的」聲音。

「是桃花源啊。」我跟著複誦，轉過身向普希卡告別。

終點IV 為何哭的不是我？

起初以為濃霧不過是普通的霧，卻越騎越不對勁。霧變淡以後，又在別處轉濃，有時能見度低得匪夷所思。時間早上十點，若是晨霧的話未免滯留得太晚了些；我舉頭尋找太陽，天上確實掛著一輪白色圓盤，但很難斷定是太陽或月亮，按理是太陽的星體卻帶著月的慘白，感受不到溫度。忽然想起薩伐旅司機提過的「冬季霧霾」，直到上午十一點，濃霧遲遲未散，才更加確定眼前的不是霧，而是霾。

別無他法，只能硬著頭皮繼續騎。老實說，我已做好被追撞或到不了終點的心理準備，這趟單車之旅堪稱平安順遂，沒什麼要命的大風大浪，頂多身陷山林險些餐風露宿，受廢鈔事件連累捉襟見肘，或陰錯陽差涉入難解的人情習題……車子沒壞、沒遭竊，連常見的爆胎也只發生過一次，若說旅行之神將在最後降下什麼終極考驗，我也毫無怨言。

或許是祈禱發揮作用，又或許是旅行之神再次慷慨眷顧。霧霾在正午左右漸漸消散，藍天慢慢透晰出來，徒留灰矇矇的印象，印度常給人那種印象。我在灰矇矇的天裡完成最後一段騎乘，最後一筆紀錄為「一百四十四公里」。還以為越過終點線時必定潸然淚下，可是沒有，如同每次到站的精疲力盡，我連傷感的力氣都失去，擠不出一滴眼淚。

聯繫好的單車店比預期來得專業，貨架上許多高檔進口貨，還有

台灣品牌捷安特。我以為打包的事萬無一失，沒想到老闆吃定了我，獅子大開口說：「箱子一千盧比就好，打包算你免費。」

「太貴了。打包我可以自己來。只要箱子多少錢？」

「不不不，箱子就是一千，打包免費。」箱子才是本體，他非常堅決。

「那我得考慮一下。」我不是花不起，而是不甘心被敲竹槓，原有的箱子是家附近的單車行免費贈送的，猶記得當時老闆還碎念說：「反正都是要送去回收。」再者，如果付了這一千盧比，就得再到銀行排隊換鈔，與其這樣還不如另覓出路。

「九百盧比，最低九百。」對方試探性地主動降價，但我去意已決。

———

當初為了就近處理單車裝箱事宜，刻意選了車行附近的青旅。青旅位在齋浦爾的「蛋白區」，位子雖然稍偏，但沒有市中心爆炸式的混亂。我早耳聞這座粉紅城市不粉紅的一面，作為拉賈斯坦邦的首府，她有最熱鬧的市集、最豪華的電影院、最好喝的優格飲，也有最壅塞的交通、最糟的空氣品質、最洶湧的遊客……

青旅由幾位青年合夥經營，感覺像某人某天突然嗅到觀光商機，召集了幾位志同道合的兄弟投資，由於資金不足，無法在競爭激烈的市中心生存，只好退求市郊放手一搏。不過這步棋下得不夠熟慮，即便是新年連假，旅館生意依然清淡。看著幾位年輕人整天飄來飄去，不禁為他們捏把冷汗。

整天飄來飄去的年輕老闆很樂意為我解決裝箱問題，甚至說要騎重機載我進行地毯式搜索，不過話說完隔天他就不見人影。翌

日，遍尋不著老闆的我只好獨自展開找紙箱的冒險，跟著 Google Maps 的建議搭車，公車千迴百轉來到一個既不像市中心亦不像住宅區的地方，我按圖索驥，果真在一棟大樓底下發現單車行。

車行裡停了密密麻麻的腳踏車，牆上掛著琳瑯滿目的配件。員工笑盈盈應門，得知我的來意後迅速進倉庫翻找，然後拖出一只攤平的紙箱，那感覺就像經驗老到的獵人鑽進洞窟狩獵，最後扛出一張剝好的獸皮。

我問箱子多少錢，但對方表示自己不是老闆，旋即撥了通電話。掛了電話，員工說：「不用錢，你喜歡就拿去吧。」
「咦？真的可以嗎？」當下我的心情好矛盾，既覺得紙箱免費理所當然，又覺得別人喊一千盧比，這裡卻免費，是否該誠實告訴他同業行情？
「不如這樣，這個送給你們。反正我用不到了，當做交換紙箱如何？」我把特地帶在身上、本想脫手變現的兩條內胎送給店員，他們欣然收下。

整個下午都在進行裝箱作業。我將雙輪洩氣，拆下癱軟的前輪，又費了好大力氣才卸下幾乎卡死的兩支踏板。剩下龍頭的部分簡單許多，只要逐一旋鬆螺絲即可輕鬆分離，最後再把前叉轉一百八十度，塞進合身的紙箱。

回憶上次進行相同作業已是三個月前的事，而今操作起來，竟像昨日之事般毫無窒礙。我用膠帶將箱子仔細貼牢，傾靠牆邊，然後倒退幾步，保持一定距離盯著那只箱子，一直盯著……那時候，突然覺得紙箱好似一只簡陋的棺材，裡面是我方才親手肢解的、被暫停的生命。可是，誰都知道車子沒有生命，他所擁有的「生

命」般的東西，不過是使用者一廂情願賦予的。

長達三個月的單車旅程在封箱後畫下句點。趁夜機起飛前，用最後半天在齋浦爾市區閒晃、採買，或許是受到理惠感染，我也想為自己挑件新年禮物。平常我不做這種事，不過換個角度想，我在印度已做了很多平常不做的事。

我打算買一副眼鏡。舊的鏡片磨損得差不多了，我想挑一副與甘地相仿的新眼鏡。試戴眼鏡的時候，赫然發覺鏡子裡的自己好陌生，我的體重自旅程開始直線下墜，套在跌停板已久；我的頭髮雖然修剪過，卻像稻草般雜亂無章；我的肌膚吸飽日照，變得乾褐粗糙……眼前這位陌生人到底是誰？他是騎過三個月單車的我，在印度的我。

回到青旅，請老闆幫忙找一輛塞得下紙箱的車，沒想到他掛了電話氣呼呼說：「別叫車了。太貴！太貴！」激動得連英文都變不靈光。
「多少錢？我或許負擔得起。」
「對方說一千五百盧比，我殺到一千二，盡力了。」
「我身上剩下不到一千盧比……」買眼鏡花掉六百。
「太貴了，他們不好，知道你要放腳踏車所以貴，」他停頓半秒，像在決定向左還向右，又說：「走！我載你去街上找。」

老闆用細心保養的重機載我到最近的大街，發現街角正好有一輛電動三輪車。我隔岸觀火，看他和司機來回攻防，直到他轉頭對我比了個「OK」。
「多少錢？」我問。
「五百盧比變成兩百。」

「哇，你好厲害！」
「我說我開旅館，以後合作，很多客人。所以給你便宜。」

時間所剩無幾，三輪車趕緊隨我們回旅館。我把大箱子搬出來，塞進後座，左右各凸出車體一點點。
「我該走了，真的非常謝謝你。」上車前給了老闆一個臨別的擁抱，鬆手後我說：「對了，好像一直忘了問你的名字。」
「賈揚特，我叫賈揚特。你有臉書嗎？」
「當然有。」
賈揚特用手機找到我的個人臉書，按下「成為朋友」。

下一秒，發生了令我不知所措的事。那時候、在昏黃的街燈下，我竟然瞥見賈揚特在哭，雖然車子很快將我帶走，但我確實看見他背光的臉龐掛著淚水。

為什麼呢？他為什麼要哭？我們應該沒有建立深厚的情誼才對吧？難道是我輕忽了什麼深刻的交流？還是他自覺幫了大忙而流下欣慰的眼淚？無論原因為何，我都不敢直視賈揚特哭泣的臉。

「為何哭的是他而不是我？」這問題成了最後的謎團。我始終搞不懂，為何我如此平靜，為何完全沒有痛哭的情緒。難道是心中汩汩湧起的情緒已遠超過能承載的分量，以至於無法用幾滴眼淚敷衍交代？

三輪車沒入黑夜，朝機場的方向奔去。

終點 V 咖哩、千層蛋糕、家常菜

日記停格在二〇一七年的一月四日，流水帳的最後兩筆是：「機場無止盡的安檢」、「鄰座的人嘰嘰喳喳」。關於這兩件事，若未經文字紀錄，我或許已忘得一乾二淨，畢竟比起三個月來的諸多經歷，最後的瑣事顯得很微不足道。也由於日記停格在那，以至於後來在新加坡短暫過境，以及返抵國門後幾小時的記憶，變得不太牢靠。重新拼湊的，說不定包含許多虛構的成分，是自欺欺人寫下的東西。

——

三輪車司機照價收了兩百盧比，他沒有直接索討小費，也沒有欲言又止地暗示打賞，而是小心翼翼把箱子卸下，放在我推來的行李推車上。

機場的旅客好多，加上每人一台行李推車，簡直要把報到櫃檯塞爆。沒有人出面管秩序，管也沒用，因為插隊的人一副理所當然，幾位貌似有修養的旅客彷彿欲畫清界線似地直搖頭，待前方結構鬆動，亦原形畢露加入卡位大戰。

無止盡的安檢，鄰座的人嘰嘰喳喳，強勁的空調使得候機室成了涼爽庇護，無論是度假、出差，或者各種其他目的的旅客都難掩興奮。這些人與我都將被塞進同一座機艙，降落在新加坡樟宜機場，然後各自四散，從此改變我身邊印度人的密度。

在新加坡的匆匆過境猶如闖關任務。先在中國城大啖中華美食，然後去新興的中峇魯區假裝文青，接著到烏節路的商業街溫習現代化，吃了一塊要價不菲的名牌千層蛋糕……我以為看似迷你的新加坡走起來容易，卻忽略了濕熱的天氣和起伏的地形。從這，到那，乍看短短兩點一直線，卻必須迂迂迴迴、上上下下，穿梭於人造感極強的水泥叢林，那種感覺一再令我喘不過氣。

昨夜在機上輾轉難眠的積勞終於爆發，拖著疲憊的身軀搖搖晃晃來到小印度。小印度的茶館裡，裝扮整齊的印度人正在喝奶茶談天，隔壁餐館的食客在用手吃咖哩飯，再隔壁有幾位女子在挑選紗麗和飾品；街口的舶來品店播放響徹雲霄的流行歌，巷尾的印度廟演奏呢喃的宗教樂……各種奇妙的既視感使我乍然甦醒，說也奇怪，我竟然不是在中國城，而是在小印度區找到失落的歸屬感。怎麼才分開沒多久我已開始想念印度，離別的感傷有些遲來，總算感到一絲絲揪心和一點點想哭的衝動。

入夜後，搭上反向的捷運回到機場。通關、出境，在明晨登機前，我只是個無國界遊民。離家三個月的遊民在機場度過流浪的最後一夜，徹夜的廣播從未停歇，哪架班機即將起飛，哪架飛機改點，哪些未登機的旅客請趕快登機，聽慣了倒像一首安眠曲。

飛機於清晨升空，經過五個小時的北向飛行，提前了十五分鐘降落在桃園國際機場。提領行李，取了推車，我鑽進廁所換穿單車褲，然後盡量低調地在航廈外進行拆箱和組車，再趁四下無人把空箱拖到資源回收桶旁棄置。

有始有終，從機場返家之路才是真正的最後騎乘。

機場的外環道隸屬「國道」，我別無選擇，只能鬼鬼祟祟地把車牽出去。成功牽出聯外地下道後，便能合法跨上單車騎到台64線道，再繼續沿海岸線北上。天公不作美，久違的北台灣颳著比海浪更勁的風，飄著比視線更細的雨；幾支風力發電扇奮力旋轉著，扇葉中心的紅燈猶如巨獸的雙眼緊瞅著我。天有些陰暗，海不夠藍，窮目所及是各種灰階，海岸線好似工業革命時期的舊世界，泛著陌生冰冷的質地。

一路騎過下竹圍、林口區、台北港、八里、關渡大橋，銜接上出發前經常練車的路線。這才發現一景一物其實沒變，頂多是紅樹林溼地比原先蕭瑟，空氣比離開時迷濛。出發前是穿著短袖的早秋，而回來後是穿著長袖的初冬，冬日的色調微微泛白，冬日的台北潮濕依舊。

里程表上的數字每增加一點，便表示離家更近一些。原來從機場騎到家不過短短四十公里、兩個多小時的路途，然而這段路，我卻足足騎了三個月，繞了好大好遠一圈。

當晚一共吃了兩頓晚餐，一頓是姊姊餐館裡的義大利麵，一頓是父母特地保留的飯菜。餐後與好友續攤豆花，又在公園乾了一罐沁涼的台啤……一切的一切，一如往日的平常夜，亦如通暢無阻下坡道，我只需控制龍頭，左轉、右轉，便可輕鬆抵達該去的地方。

家鄉的種種並未如假想中難適應，但每天還是得花點時間打磨鈍了的習慣，例如半夜摸黑起床上廁所時，必須重新適應開關與日光燈點亮的時間差；走在熟悉的街，得更細心觀察才能找出微妙的改變。與家人的話題尚未同步更新，與朋友的頻率還需微調，任何動作都得斟酌幾分，回想原來的模式，才能確保行徑沒有偏離。我和許多人不同，不是出門去找自己，而是歸來後才找自己。

「3731」，里程最終停在這個數字，漫長的旅程不是隨機排列的四位數，而是被具象化的時間與距離。現實生活中，新、舊記憶的消長每天都在上演，某些記憶隨時間一點點甦醒，某些記憶便隨時間一片片凋零。為了探究自己的生命究竟因為一趟「丈量印度」之旅而變得更完整、抑或更破碎？我再次提筆，試著將路途分段，把里程切割，令故事解構……重新轉化成有實重的文字，記載於此。

已與妳闊別多日，我十分想念在印度旅行的自己。萬分想妳。

二〇一七年三月

265

致謝辭

坐在咖啡店，敲擊完故事最後的一字一句，心情竟然和騎到終點同等平靜。比較不同的是，單車旅程設定了終點，但寫作過程沒有，我儘可能紀錄細節、還原當下，不知最後會寫到哪裡，往哪裡去；什麼被留下，什麼封存於記憶。

本書能有現在的模樣，必須感謝許多人的參與。感謝家人的長期擔待，讓我無後顧之憂地完成創作。感謝摯友 Ethan、Cody、玫瑰、Roger、dato 陪伴在書寫路上，不離不棄。感謝各位時時打氣的讀者，提供我堅持下去的動力。感謝旅途中遇見的每個人，使故事變得更立體。感謝責任編輯 K，在我最需要信心時給予肯定，甚至把之前的書都讀完，再對症編修。感謝行銷伊蘭絞盡腦汁企劃宣傳，以及出版社人員的通力合作。必須感謝的人一定還很多，如有遺漏，請諒解我一時腦鈍，感激之情依然不變。

最後，最想感謝還是我的阿嬤，沒有她，就沒有我。也沒有這個故事，這本書。

凱特文化 愛旅行 81

丈量印度

作　　者	張瑞夫	
發 行 人	陳韋竹	
總 編 輯	嚴玉鳳	
主　　編	董秉哲	
責任編輯	董秉哲	
封面設計	adj.形容詞	
版面構成	adj.形容詞	
行銷企畫	黃伊蘭	

製　　版	軒承彩色印刷製版有限公司
印　　刷	通南彩色印刷有限公司
裝　　訂	智盛裝訂股份有限公司
法律顧問	志律法律事務所 吳志勇律師

出　　版	凱特文化創意股份有限公司
地　　址	新北市236土城區明德路二段149號2樓
電　　話	02-2263-3878
傳　　真	02-2236-3845
讀者信箱	katebook2007@gmail.com
部 落 格	blog.pixnet.net/katebook

經　　銷	大和書報圖書股份有限公司
地　　址	新北市248新莊區五工五路2號
電　　話	02-8990-2588
傳　　真	02-2299-1658
初　　版	2018年12月
定　　價	新台幣340元

國家圖書館出版品預行編目資料

丈量印度／張瑞夫 著.

──初版.──新北市：凱特文化，2018.12　272 面；13.5×21 公分.

（愛旅行：81）ISBN 978-986-96788-2-7（平裝）

1.腳踏車旅行　2.自助旅行　3.印度　　　737.19　107017440

凱特文化 讀者回函

敬愛的讀者您好：

感謝您購買本書，只要填妥此卡寄回凱特文化，我們將會不定期提供您最新的出版訊息與特惠活動資訊！

您所購買的書名：丈量印度

姓　名 ＿＿＿＿＿＿＿＿＿＿＿　性別　□男　□女

出生日期 ＿＿＿年＿＿＿月＿＿＿日　年齡＿＿＿＿＿＿

電　話 ＿＿＿＿＿＿＿＿＿＿＿＿＿＿＿＿＿＿＿＿＿

地　址 ＿＿＿＿＿＿＿＿＿＿＿＿＿＿＿＿＿＿＿＿＿

E-mail ＿＿＿＿＿＿＿＿＿＿＿＿＿＿＿＿＿＿＿＿

＿＿＿ 學歷：1.高中及高中以下　2.專科與大學　3.研究所以上

＿＿＿ 職業：1.學生　　2.軍警公教　3.商　　　4.服務業
　　　　　　5.資訊業　6.傳播業　　7.自由業　8.其他

＿＿＿ 您從何處獲知本書：1.書店　　2.報紙廣告　3.電視廣告 4.雜誌廣告
　　　　　　　　　　5.新聞報導　6.親友介紹　7.公車廣告 8.廣播節目
　　　　　　　　　　9.書訊　　10.廣告回函 11.其他

＿＿＿ 您從何處購買本書：1.金石堂　2.誠品　3.博客來　4.其他

＿＿＿ 閱讀興趣：1.財經企管　2.心理勵志　3.教育學習　4.社會人文
　　　　　　　5.自然科學　6.文學小說　7.音樂藝術　8.傳記歷史
　　　　　　　9.養身保健 10.學術評論 11.文化研究 12.漫畫娛樂

請寫下你對本書的建議：

to 新北市23660土城區明德路二段149號2樓

凱特文化創意股份有限公司 收

丈量印度

姓名：

地址：

電話：

總 里 程	抵達地點
0000 km	崔奇 Trichy
0071 km	普都戈泰 Pudukkotai
0207 km	馬杜賴 Madurai
0441 km	肯亞庫瑪利 Kanyakumari
	火車往果亞
0441 km	果亞 Goa
0562 km	卡爾瓦 Karwar
0622 km	戈卡納 Gokarna
0702 km	穆魯戴許瓦 Murdeshwar
0822 km	烏杜皮 Udupi
0932 km	賈雅普蘭 Jayapura
1058 km	貝魯爾 Belur
1150 km	希拉瓦納貝拉戈拉 Shravanabelagola
1242 km	邁索爾 Mysore
1340 km	古達如爾 Gudalur
1396 km	烏蒂 Ooty
1534 km	帕拉克卡德 Palakkad
1672 km	科欽 Cochin
	火車往班加羅爾
1682 km	班加羅爾 Bengaluru
1774 km	杜姆古爾 Tumakur
1912 km	奇恰督卡 Chitradurga
2059 km	漢比 Hampi
2208 km	巴塔米 Batami
2336 km	比賈浦爾 Bijapur
	巴士往奧蘭卡巴德
2336 km	奧蘭卡巴德 Aurangabad
2445 km	舍地 Shirdi
2543 km	納希克 Nashik
2642 km	沙哈浦爾 Shahapur
2721 km	孟買 Mumbai
	火車往賈沙梅爾
2726 km	賈沙梅爾 Jaisalmer
2882 km	岱丘 Dechu
2935 km	焦特浦爾 Jodhpur
3083 km	岱蘇里 Desuri
3202 km	烏代浦爾 Udaipur
3323 km	奇陶加爾 Chittorgarh
3453 km	比賈納卡 Bijainagar
3540 km	普希卡 Pushkar
3684 km	齋浦爾 Jaipur
	飛機往台灣
3684 km	桃園機場 Taoyuan
3731 km	石牌自宅 Shipai

丈量印度

RAP CHANG × MERIDA MATTS 60-V 18"

張瑞夫

o ———————————————————→ 3731KM